Katrin Kowitzki

Konzeption von einem kurzfristig orientierten Gewinnstreben zu einer langfristig ausgerichteten Unternehmensführung

Kowitzki, Katrin

Konzeption von einem kurzfristig orientierten Gewinnstreben zu einer langfristig
ausgerichteten Unternehmensführung

Wismarer Beiträge zum Consulting, Band 6
Herausgegeben von:
Prof. Dr. Thomas Wilke
Prof. Dr. Kai Neumann
Prof. Dr. Jürgen Zeis
Prof. Dr. Andreas von Schubert

1. Auflage 2012 | ISBN: 978-3-86741-774-7

Katrin Kowitzki

Konzeption von einem kurzfristig orientierten Gewinnstreben zu einer langfristig ausgerichteten Unternehmensführung

Wismarer Beiträge zum Consulting, Band 6

www.eh-verlag.de

WINGS-FERNSTUDIUM
AN DER HOCHSCHULE WISMAR

Inhaltsverzeichnis

I   Abkürzungsverzeichnis

AG	Aktiengesellschaft
AktG	Aktiengesetz
AR	Aufsichtsrat
AV	Anlagevermögen
BPB	Bundeszentrale für politische Bildung
CDO	Collateralized Debt Obligation
CEO	Chief Executive Officer
CF	Cash Flow
CSR	Corporate Social Responsibility
DCGK	Deutscher Corporate Governance Kodex
DrittelbG	Gesetz über die Drittelbeteiligung der Arbeitnehmer im Aufsichtsrat
EBIT	Earnings before Interest and Taxes
EKV	Ertrag-Kosten-Verhältnis
EU	Europäische Union
EVA	Economic Value Added
FCF	Free Cash Flow
F&E	Forschung und Entwicklung
FK	Fremdkapital
GCX	Global Challenges Index
GD-Vergütung	Gesamtdirektvergütung
HGB	Handelsgesetzbuch
HR	Human Resources
HV	Hauptversammlung
I	Investition
IFRS	International Financial Reporting Standards
IÖW	Institut für ökologische Wirtschaftsforschung
KontraG	Gesetz zur Kontrolle und Transparenz im Unternehmensbereich
LLC	Limited Liability Company
MA	Mitarbeiter
MSCI	Morgan Stanley Capital International (Weltaktienindex)
NEKR	Nettoeigenkapitalrendite
NWS	Nettowertschöpfung
RQ	Reputation Quotient
S.p.A.	Società per Azioni (italienische Aktiengesellschaft)
SV	Shareholder Value

TransPuG	Transparenz- und Publizitätsgesetz
U	Unternehmen
VV	Vorstandsvorsitzender

II   Tabellenverzeichnis

III Abbildungsverzeichnis

1 Einleitung

1.1 Einführung und Problemstellung

Welche dramatischen Auswirkungen kurzfristiges Denken haben kann, wurde in der jüngsten Finanzkrise von 2007 bis 2009 deutlich. Zur Realisierung von Jahresüberschüssen und Eigenkapitalrentabilitäten haben Banken systematisch Risiken ausgeblendet.[1] Konsequenz dieses Handelns war, dass die Finanzinstitute weltweit Abschreibungen in Höhe von 1,24 Billionen Euro[2] vornehmen mussten und 5 Billionen Euro[3] in Form von staatlichen Rettungspaketen aufgelegt wurden, damit ein Zusammenbruch der realen Weltwirtschaft verhindert werden konnte.

Doch nicht nur im Bereich der Finanzintermediäre herrscht kurzfristiges Denken. Auch in der Realwirtschaft kommt dies zum Tragen. So hielt der Vorstandsvorsitzende der E.ON AG, Johannes Teyssen, noch im Mai 2011 auf der Hauptversammlung ein Plädoyer für die Atomenergie um den „Schutz des Vermögens" der Aktionäre zu gewährleisten.[4] Diese kurzfristige Sichtweise äußert sich auch darin, dass nur 13 Prozent der Investitionen des Konzerns im Bereich der regenerativen Energien getätigt werden.[5]

Dies ist nur ein Beispiel welches verdeutlicht, dass kurzfristige Geschäftserfolge gepaart mit einer zu starken Finanzorientierung zu keiner nachhaltigen Strategie führen. Der amerikanische Managementstil muss durch neue kreative europäische Ideen abgelöst werden.[6]

Zusätzlich entsteht, insbesondere durch die Wirtschaftskrise, in weiten Teilen der Gesellschaft der Eindruck, dass die Wirtschaft zu Lasten von Ökologie, Ökonomie und sozialem Engagement ihr Gewinnstreben vorantreibt. Das Ansehen von Unternehmen in der Gesellschaft ist so schlecht wie selten zuvor.[7]

In dieser Masterthesis soll analysiert werden, welchen Ursachen das kurzfristige Gewinnstreben von Konzernen zu Grunde liegt. Dafür wird mit Hilfe verschiedener Indikatoren das Handeln und Agieren von Unternehmen analysiert und im Anschluss festgestellt, ob Unternehmen tatsächlich nach kurzfristigem Gewinnstreben trachten oder dies objektiv widerlegt werden kann.

---

[1]   vgl. Schwenker, 2011, Seite 65
[2]   Sinn, 2010, Seite 232
[3]   Sinn, 2010, Seite 266
[4]   vgl. Teyssen, 2011, Rede bei HV
[5]   vgl. IÖW-Studie, 2009
[6]   vgl. Schwenker, 2011, Seite 13
[7]   vgl. Porter, 2011, Seite 60

Die Schwierigkeit wird darin liegen, dass kein Unternehmen öffentlich bestätigt, dass es ausschließlich kurzfristig agiert. Die Untersuchungen konzentrieren sich auf börsennotierte, managementgeführte Unternehmen in Deutschland. Da bei diesen, im Gegensatz zu eigentümergeführten Unternehmungen, eine Trennung zwischen Eigentümern und Leitungsgremien erfolgt und eine klassische Prinzipal-Agent-Beziehung vorherrscht. Es gibt also eine Informationsasymmetrie zwischen dem Vorstand (Agent) und dem Investor (Prinzipal).[8]

1.2 Vorgehensweise und Aufbau der Arbeit

Im Anschluss an die Einleitung wird im zweiten Kapitel eine Definition der wesentlichen Begriffe der Arbeit vorgenommen und für ein besseres Gesamtverständnis eine kurze historische Betrachtung durchgeführt.

Welche Ursachen für das kurzfristige Gewinnstreben von Unternehmen verantwortlich sein können untersucht das dritte Kapitel. Bei der Ursachenforschung werden sowohl unternehmensinterne Gegebenheiten als auch die externen Rahmenbedingungen betrachtet. Der Fokus der Arbeit liegt jedoch auf der Betrachtung der internen Faktoren. Gestützt wird die Analyse durch Auswertungen von diversen Statistiken. Die Konsequenzen des Handelns der Akteure werden ebenso aufgezeigt.

Welche Elemente des heutigen Wirtschaftssystems verändert werden müssen, damit es zu einer langfristigen Ausrichtung der Unternehmensführung kommt, stellt das vierte Kapitel dar.

Im fünften Abschnitt wird die Frage beantwortet, wie die Langfristigkeit gemessen und sinnvoll bewertet werden kann.

Das vorletzte Kapitel beschäftigt sich mit den Chancen und Risiken einer langfristigen Unternehmensführung.

Die aus der Untersuchung resultierenden Erkenntnisse und ein Fazit werden im siebten Kapitel dargestellt.

---

[8] vgl. Dillerup, 2006, Seite 71

2 Themenhinführung

2.1 Begriffsabgrenzung

Im Folgenden sollen die wesentlichen Begriffe der Arbeit kurz definiert werden.

Langfristige Unternehmensführung: Unternehmensstrategie, die den Anspruch hat dauerhaft Werte zu schaffen. Ökonomische, ökologische und soziale Belange sollen dauerhaft in ihrer Entwicklung in Einklang gebracht werden. So dass sich auf lange Sicht ein größerer finanzieller Erfolg für das Unternehmen einstellt. Im Folgenden werden die Begriffe Nachhaltigkeit und Langfristigkeit in der Arbeit synonym verwendet.[9]

Kurzfristiges Gewinnstreben: Kurzfristige Maximierung des Börsenkurses und des Gewinns eines Unternehmens zu Lasten der nachhaltigen Unternehmensentwicklung, der Ökologie und der Stakeholder, wie den Arbeitnehmern, den Gläubigern oder des Staates.

Shareholder Value (nach Rappaport): Konzept der nachhaltigen, langfristigen Steigerung des Unternehmenswerts. Als Bemessungsgrundlage wird der Börsenkurs des Unternehmens herangezogen, der mit dem Marktwert des Eigenkapitals gleichgesetzt wird. Zur Bewertung werden die freien Cash Flows der Zukunft diskontiert.[10]

Unternehmensreputation: Die Unternehmensreputation geht über das Image eines Unternehmens hinaus, sie beinhaltet Vertrauen, Rückhalt, Achtung und Glaubwürdigkeit.[11]

Reputation = Image + bestehende Unterstützungspotenziale

2.2 Historische Betrachtung

Um unser heutiges Wirtschaftssystem verstehen zu können, bedarf es eines kurzen Rückblicks in die Vergangenheit. Im 18. und 19. Jahrhundert wurden Unternehmen als Institutionen angesehen, die dem Wohl der Öffentlichkeit dienen sollen und dem Staat untergeordnet waren. Unternehmen hatten einen bestimmten Zweck, z. B. den Bau einer Brücke oder die Herstellung von Waren. In den USA hafteten Anteilseigner für das Unternehmen und der Besitzer eines Unternehmens konnte kein zweites Unternehmen gründen. Die Auflagen und Richtlinien waren für die Unternehmen hoch.[12]

---

[9]   vgl. Hardtke, 2001, Seite 62, Hinterhuber, 2004, Seite 6 ff.
[10] vgl. Lister, 2010, Seite 79 f. und Coenenberg, 2007, Seite 3
[11] vgl. Zerfaß, 2007, Seite 322
[12] vgl. Achbar, 2006, The Corporation

Mit der Zeit wandelte sich das Verständnis vom Begriff „Unternehmen". Heute wird ein Unternehmen als juristisch eigenständige Person angesehen. Ziel dieser ist nach Meinung vieler Autoren die Maximierung des Gewinns.[13] Im Gegensatz zu natürlichen Personen verfügen Unternehmen nicht über moralische Handlungsweisen oder Mitgefühl. Große Weltkonzerne haben sich gebildet, deren Eigentümer maximal mit dem eingesetzten Kapital haften. Die Unternehmen sind Teil der Umwelt und Gesellschaft geworden und beeinflussen diese maßgeblich.

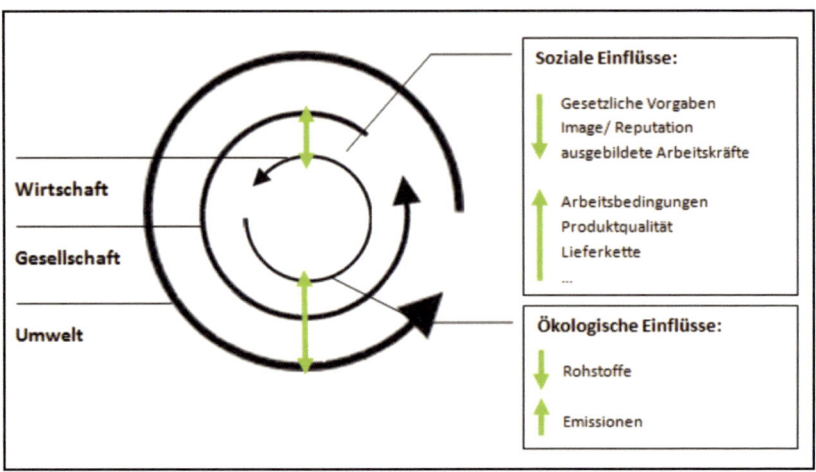

Abbildung 1: Unternehmen als Teil von Umwelt und Gesellschaft. Quelle: Plinke, 2008, Seite 10

Selbst die Politik hat die kurzfristige Ausrichtung der Unternehmen auf das bloße Gewinnstreben als Problem erkannt und angemahnt.

„Ich sage das nun in einer Zeit, in der wir mehr von Krisen reden müssen. Die internationale Finanzmarktkrise ist ein klassisches Beispiel für nicht nachhaltiges Handeln. Sie ist ein Beispiel dafür, dass augenblickliche Gewinnmaximierung genau das Gegenteil von nachhaltigem Handeln ist."[14]

„Diese Form des Kapitalismus, die sich dem Menschen und der Gesellschaft nicht verpflichtet fühlt, gehört in die Mülltonne."[15]

Ob bereits ausreichende politische Mittel für eine Änderung der bestehenden Praktiken ergriffen wurden zeigt das dritte Kapitel.

---

[13] vgl. Wöhe, 2005, Seite 20 ff. und Specht, 2001, Seite 135
[14] Merkel, 2008, 8. Jahreskongresses des Rates für Nachhaltige Entwicklung
[15] Müntefering, zitiert in Ludwikowski, 2010, Seite 8

Unternehmen sind auch heute nur erfolgreich, wenn über die Kosten des eingesetzten Kapitals hinaus eine Wertsteigerung entsteht.[16] Grundlegendes Ziel einer Unternehmung muss es sein die Eigentümer zu befriedigen, jedoch sollten auch die Interessen anderer Interessensgruppen berücksichtigt werden. Eine Unternehmung darf nicht kurzfristige Erfolge realisieren, die zu Lasten der langfristen Gewinnchancen gehen. Neben dem Gewinn eines Unternehmens gibt es noch weitere Elemente wie die Zukunftssicherung oder die Erfüllung von sozialen Erwartungen. Außerdem dient der Gewinn nicht nur der Dividendenausschüttung, sondern auch dem Wachstum sowie Neuinvestitionen. Dadurch kann die Unternehmung wirtschaftliche und technische Entwicklungen aktiv mitgestalten sowie Wettbewerbsvorteile aufbauen und erhalten.[17] Aber Unternehmen können nicht ausschließlich auf die Erbringung von Wohlfahrt für die Gesellschaft reduziert werden. Diese Konnotation würde die Gewinnerzielungsabsicht in der Gesellschaft zusätzlich negativ erscheinen lassen, der Graben zwischen Moral und Gewinn würde weiter vertieft.[18]

Doch wie kam es dazu, dass das amerikanische Managementmodell auch Europa massiv beeinflusste? Nach dem zweiten Weltkrieg wurde mit Hilfe finanzieller amerikanischer Unterstützung (Marshallplan) und dem Know-how-Transfer (z. B. im Bereich der Kernenergie oder der Halbleiterindustrie) Europa wiederaufgebaut. Amerika war die Bezugsgröße für Europa. Es kam zur Orientierung an amerikanischen Management- und Prozessmethoden. Bis heute beeinflusst der „American Way of Management" die Unternehmensführungen stark.[19]

---

[16]   vgl. Dillerup, 2006, Seite 137
[17]   vgl. Specht, 2001, Seite 135
[18]   vgl. Baumgartner, 2007, Seite 67–71
[19]   vgl. Schwenker, 2011, Seite 53 ff. und Hilger, 2004, Seite 278 ff.

3. Ursachen und Konsequenzen des kurzfristigen Gewinnstrebens

3.1 Unternehmensexterne Ursachen

3.1.1 Shareholder Value

Der Shareholder Value ist in der öffentlichen Wahrnehmung zum Symbol für kurzfristiges Profitstreben des Kapitalmarktes zu Lasten der Allgemeinheit geworden.[20]

Doch der eigentliche Shareholder Value nach Rappaport stellt nicht die kurzfristige Gewinnmaximierung in den Fokus, sondern möchte eine nachhaltige, langfristige Wertsteigerung des Eigenkapitals erreichen.[21] Eine Steigerung des Shareholder Values wird durch Wachstum, eine Vergrößerung der Gewinnmarge, Investitionen und eine Reduzierung der Kapitalkosten erreicht.[22] Vorteil des Shareholder Values ist, dass es eine klare Orientierung an einer Zielgröße gibt. Während bei dem Stakeholder-Ansatz viele Zielgrößen eher eine Desorientierung verursachen.[23]

Vorteil einer SV-orientierten Unternehmensführung ist, dass bei Investitionen stets auf die Profitabilität geschaut wird. Die Allokationseffizienz von Kapital kann durch eine Shareholder-Value-orientierte Unternehmensführung gesteigert werden.[24]

Allgemein kann zusammengefasst werden, dass der Shareholder Value im Sinne einer langfristigen Maximierung des Unternehmenswertes nichts mit der Debatte um kurzfristige Gewinnsteigerungen zu tun hat. Kritisch ist es anzusehen, wenn das Management es anstrebt den Unternehmenswert über Kapitalmarktspekulationen zu maximieren und an die Stelle der Produktionsaufgabe die Spekulationsaufgabe tritt. Auch die Betrachtung der kurzfristigen Quartalsberichte und die darauf folgenden Reaktionen des Kapitalmarktes mit sinkenden und steigenden Kursen sind nicht Folge einer Shareholder-Value-Maximierung nach Rappaport, sondern Ausdruck von kurzfristigem Investorendenken.[25] Die Shareholder-Value-Steigerung sollte für ein Unternehmen jedoch nicht das alleinige Oberziel werden. So schreibt Porter in einem Aufsatz im Harvard Business Manager, dass das System des

---

[20] vgl. Schwenker, 2011, Seite 96–104
[21] vgl. Afra, 2001, Seite 98–106
[22] vgl. Rappaport, 1999, Seite 6 f.
[23] vgl. Schwenker, 2011, Seite 99
[24] vgl. Koslowski, 1999, Seite 3 f.
[25] vgl. Koslowski, 1999, Seite 13–15

Shared Values eingeführt werden sollte.[26] J. Welch, ein ehemaliger Verfechter des Shareholder Values, sagt heute: 'On the face of it, shareholder value is the dumbest idea in the world. Shareholder value is a result, not a strategy … . Your main constituencies are your employees, your customers and your products.'[27]

3.1.2 Ratingagenturen

„Der ,New York Times'-Kolumnist Thomas Friedman schrieb schon vor etwa einem Jahrzehnt, seiner Meinung nach gebe es heute zwei Supermächte. Erstens die Vereinigten Staaten von Amerika, zweitens die Rating-Agentur Moody's. ,Und glauben Sie mir, es ist keinesfalls sicher, wer der Mächtigere von beiden ist.' Moody's ist neben Standard & Poor's und Fitch Publishing Company eine der drei Großen der Branche.''[28]

Dieses Zitat verdeutlicht die enorme Machtposition der Ratingagenturen für Politik und Wirtschaft. Derzeit ist die Bonität einer Unternehmung oder eines Staates quasi an das Urteil der Ratingagentur geknüpft. Dies wurde im Sommer 2011 deutlich, als Moody's Griechenland die Note „Ca" vergab und die Aktienmärkte u. a. deshalb im Nachgang abstürzten.

Ratingagenturen sind heutzutage notwendig geworden, da der Finanzierungsbedarf großer Kapitalgesellschaften nicht mehr allein durch einen klassischen Bankkredit gedeckt werden kann, sondern die Kapitalgeber weltweit gesucht werden.[29] Die Hausbank kann die wirschaftliche Situation ihres Klienten durch eine enge Beziehung relativ gut einschätzen. Bei der Kapitalbeschaffung durch Emission von Wertpapieren verfügen die zahlreichen Kapitalgeber nicht mehr über vertiefte Unternehmenskenntnisse. Ratingagenturen sollen daher die Kreditwürdigkeit besser einschätzbar machen, so dass Risiken besser abgeschätzt werden können. Gleichzeitig lagern immer mehr Banken die Kreditanalyse aus, damit steigt die Macht der Ratingagenturen.[30]

---

[26] Das Konzept des Shared Value beinhaltet Richtlinien und Praktiken, die die Konkurrenzfähigkeit eines Unternehmens erhöhen und zugleich die wirtschaftlichen und sozialen Bedingungen der Gemeinschaft verbessern, in der es tätig ist. Dabei konzentriert man sich darauf, die Verbindungen zwischen gesellschaftlichem und wirtschaftlichem Fortschritt zu identifizieren und zu stärken." siehe Porter, Michael: http://www.harvardbusinessmanager.de/heft/artikel/a-741553.html und vgl. Porter, 2010, Seite 58–75

[27] Welch, http://www.ft.com zitiert in Schwenker, 2011, Seite 58

[28] Kazim, Hasnain: http://www.spiegel.de

[29] vgl. Schulz, 2009, Seite 12

[30] vgl. Rosenbaum, 2009, Seite 17

Doch nach zahlreichen nicht im Vorfeld erkannten Krisen[31], auf Grund ungeeigneter Bewertungsmethoden und unvermeidlichen Interessenkonflikten sind die Agenturen in die Kritik geraten.[32]

Ratingagenturen haben gegenüber den Unternehmen eine erhebliche Macht. Kommt es zur Herabstufung einer Unternehmung, dann müssen Pensionsfonds und andere institutionelle Anleger auf Grund von Richtlinien die Unternehmensanleihen/-aktien verkaufen, sobald das notwendige Mindestrating unterschritten wird.[33] Dies hat wiederum starke Kursverluste zur Folge, weshalb sich weitere Investoren möglicherweise aus dem Investment zurückziehen. Da sich ein Rating aus harten und weichen Faktoren zusammensetzt, steht das Management unter ständigem Druck die Zukunftsperspektiven des Unternehmens positiv darzustellen. Insbesondere in der nahen Zukunft, da ansonsten eine Herabstufung droht.

Im Sommer 2011 kam es in Deutschland nach der Herabstufung von Griechenland und Portugal durch Standard & Poor's Financial Services LLC zur Forderung nach einer europäischen Ratingagentur, damit die faktisch nicht vorhandene Konkurrenz der drei großen, amerikanischen Ratingagenturen beseitigt wird. Die amerikanischen Ratingagenturen haben sich jedoch etabliert, weil die US-Börsenaufsicht nur diese akzeptiert.[34] Daher würde eine europäische Ratingagentur Schwierigkeiten haben, sich am Markt durchzusetzen. Gegen eine europäische Agentur würde außerdem sprechen, dass diese politisch gewollt ist, da die Politik nicht mit den Länderratings einverstanden war. Die Glaubwürdigkeit und Objektivität einer solchen Ratingagentur wäre daher im Vorfeld bereits in Frage gestellt.

Abschließend kann gesagt werden, dass Ratingagenturen durch ihre Monopolstellung am Markt und die enorme Tragweite der Entscheidungen eine wesentliche Macht im Wirtschaftsgeschehen einnehmen. Die Handlungsspielräume von Unternehmen werden eingeschränkt, da das Urteil der Ratingagenturen DER entscheidende Maßstab für die Finanzakteure ist.

3.1.2 Bilanzierung und Rechnungslegung

Im Folgenden soll analysiert werden, ob Bilanzierungsvorschriften möglicherweise ein Auslöser für kurzfristiges Denken der Unternehmen sind. Da-

---

[31] Einige Beispiele sind hier die Insolvenz von Enron und Parmalat oder die späte Ratinganpassung von den CDO-Papieren während der Finanzkrise.

[32] vgl. Rosenbaum, 2009, Seite 22

[33] vgl. Rosenbaum, 2009, Seite 108

[34] vgl. Schwenker, 2011, Seite 59

bei wird nicht vertiefend auf Anforderungen an das Rechnungswesen eingegangen, da dies einer separaten Analyse bedürfte.

In der Vergangenheit hatte das Niederstwertprinzip des HGBs stille Reserven
zur Folge, da Anlagevermögen nur zu Anschaffungs- oder Herstellungskos-
ten bilanziert werden durfte.[35] Bei der Bilanzierung nach IFRS hingegen wird
der Faire Value angesetzt. Ein Unternehmen kann also einen höheren Wert
ansetzen als die früheren Anschaffungskosten, wenn der Wert des AV/ UV
gestiegen ist.[36] Dies hat zur Folge, dass das Eigenkapital in der Bilanz steigt
und es zu rechnerischen Gewinnen kommt. Durch das   höhere Eigenkapital
hat das Unternehmen die Möglichkeit mehr Fremdkapital aufzunehmen und
so den Leverage-Effekt für eine höhere EK-Rentabilität zu nutzen.

Die rechnerischen Gewinne aus der Fair-Value-Bewertung können auch an
die Aktionäre ausgeschüttet werden. Kommt es in konjunkturell angespann-
ten Phasen zu Kursverlusten, dann erleidet das Unternehmen rechnerische
Eigenkapitalverluste, welche dann durch die bereits ausgeschüttete Divi-
dende nicht mehr kompensiert werden kann. Im schlimmsten Fall ist das
Unternehmen auf Grund der hohen FK-Verpflichtungen unterkapitalisiert,
was ein Insolvenzgrund wäre.[37]

Die Regelungen von Basel II verschärfen die Lage für Unternehmen zusätzlich. In Zeiten wirtschaftlichen Aufschwungs und guter Kennzahlen des
Unternehmens sind die Kreditzinsen niedrig. In wirtschaftlich schwierigen
Phasen gehen die Cash Flows zurück und das Ausfallrisiko steigt, was zu
einem Zinsanstieg führt. Dies wiederum erzeugt bei den Unternehmen eine
zusätzlich verschärfte Wirtschaftslage.[38]

3.1.4 Gesetzliche Vorschriften

Auch in diesem Abschnitt soll nur kurz auf wesentliche gesetzliche Aspekte
hingewiesen werden, da ansonsten der Umfang der Arbeit zu groß würde.

Die EU hat die Relevanz des Themas Nachhaltigkeit erkannt und bereits vor
zehn Jahren die „Mitteilung der Kommission - Nachhaltige Entwicklung in
Europa für eine bessere Welt: Strategie der Europäischen Union für die
nachhaltige Entwicklung" veröffentlicht. Ziel der Mitteilung ist es u. a. Armut

---

[35] vgl. § 253 HGB
[36] vgl. Bieg, 2010, Seite 616 ff.
[37] vgl. Sinn, 2010, Seite 116 ff., 197 ff.
[38] vgl. Sinn, 2010, Seite 65 f.

und soziale Ausgrenzung zu bekämpfen und den verantwortungsvollen Umgang mit natürlichen Ressourcen anzustreben.[39]

Auf nationaler Ebene gibt es in der Bundesrepublik ebenso eine Kommission[40], die sich mit dem Thema Nachhaltigkeit befasst. Die Ziele der Kommission sind:

- Erarbeitung von Umweltzielen für eine nachhaltig zukunftsverträgliche Entwicklung
- Erarbeitung ökonomischer und sozialer Rahmenbedingungen für eine nachhaltig zukunftsverträgliche Entwicklung
- Notwendigkeit gesellschaftlicher, wirtschaftlicher und technischer Innovationen
- Maßnahmen zur Umsetzung einer nachhaltig zukunftsverträglichen Entwicklung.[41]

In Deutschland wurde 2001 der DCGK eingeführt. Aktiengesellschaften müssen nach §161 AktG dem DCGK entsprechen. Inwieweit sie die Regeln jedoch befolgen bleibt den Unternehmen überlassen. Welche Punkte nicht befolgt werden müssen sie jedoch öffentlich darstellen. Es handelt sich um ein „Soft-Law". Der DCGK hat das Ziel einheitliche Regelungsstandards für die Unternehmensführung aufzustellen. Normen und Werte sollen der Leitung vorgegeben werden. Ziel ist es außerdem, dass Deutschland internationalen Investoren Transparenz bietet.[42]

Derzeit gibt es weltweit keine einheitlichen Anforderungen an eine effektive Regulierung und einheitliche Anforderungsstandards. Wenn nun ein Staat einzelne Anforderungen und Auflagen verschärft, dann ergibt sich für diesen gegenüber den anderen Staaten ein Wettbewerbsnachteil. Momentan existiert unter den Staaten eher ein „Laschheitswettbewerb", Entscheidungen von supranationalen Regulierungsbehörden gibt es nicht.[43]

---

[39] vgl. Mitteilung der Kommission, Nachhaltige Entwicklung in Europa für eine bessere Welt: Strategie der Europäischen Union für die nachhaltige Entwicklung

[40] Enquete-Kommission Schutz des Menschen und der Umwelt – Ziele und Rahmenbedingungen einer nachhaltig zukunftsverträglichen Entwicklung, eingesetzt seit 01.06.1995

[41] http://www.nachhaltigkeit.info/artikel/13_bt_ek_mensch_umwelt_664.htm

[42] vgl. Winarzki, 2011, Seite 21 ff.

[43] Welche Auswirkungen die nicht-globale Regulierungspolitik hat, zeigte sich in der Finanzkrise. Banken konnten ihre Geschäfte mit einer geringen EK-Unterlegung betreiben. Die Haftung wurde für die Anteilseigner reduziert, während der Steuerzahler und die Gläubiger demgegenüber höhere Risiken tragen mussten.
vgl. Sinn, 2010, Seite 216 f.

3.2 Unternehmensinterne Ursachen

3.2.1 Anteilseigner

Der Kapitalmarkt hat für deutsche Unternehmen in der Vergangenheit stark an Bedeutung zugenommen. Grund dafür ist, dass es zu einem gesteigerten Kapitalbedarf kam, um Unternehmenswachstum sowie die Forschung und Entwicklung zu finanzieren. Die Attraktivität für den Kapitalmarkt muss zudem erhalten bleiben, da unterbewertete Unternehmen Ziele für Übernahmen und Fusionen darstellen.[44]

Die Eigentümerstruktur deutscher Aktiengesellschaften befand sich in den letzten Jahren in einem starken Wandel. Noch vor zehn Jahren wurde von der „Deutschland AG" gesprochen, zwei Drittel der DAX-Investoren kamen aus Deutschland. Aktuell beträgt der Anteil inländischer Investoren nur noch circa 44 Prozent.[45]

---

[44] vgl. Coenenberg, 2007 und Kaserer, 2009, Seite 4 ff.
[45] vgl. Morrien, http://www.gevestor.de

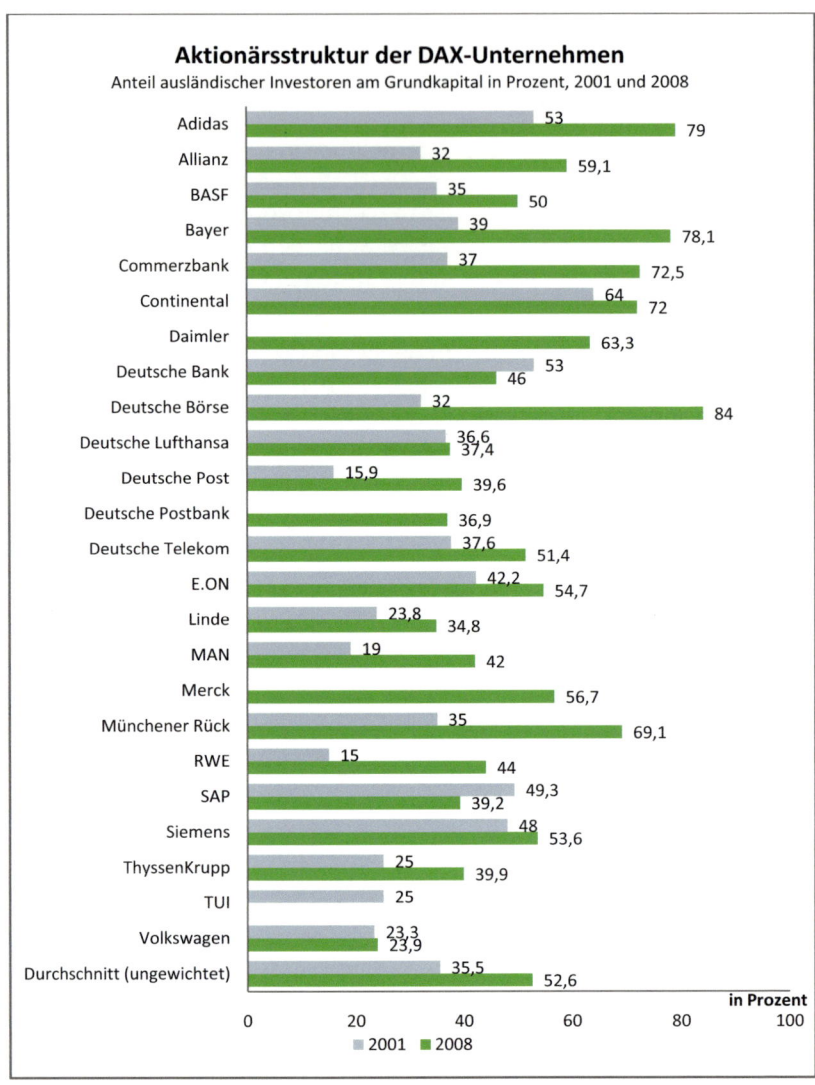

Aktionärsstruktur der DAX-Unternehmen

Anteil ausländischer Investoren am Grundkapital in Prozent, 2001 und 2008

Unternehmen	2001	2008
Adidas	53	79
Allianz	32	59,1
BASF	35	50
Bayer	39	78,1
Commerzbank	37	72,5
Continental	64	72
Daimler		63,3
Deutsche Bank	53	46
Deutsche Börse	32	84
Deutsche Lufthansa	36,6	37,4
Deutsche Post	15,9	39,6
Deutsche Postbank		36,9
Deutsche Telekom	37,6	51,4
E.ON	42,2	54,7
Linde	23,8	34,8
MAN	19	42
Merck		56,7
Münchener Rück	35	69,1
RWE	15	44
SAP	49,3	39,2
Siemens	48	53,6
ThyssenKrupp	25	39,9
TUI	25	
Volkswagen	23,3	23,9
Durchschnitt (ungewichtet)	35,5	52,6

in Prozent

■ 2001 ■ 2008

Abbildung 2: Aktionärsstruktur der DAX-Unternehmen
Quelle: BPB,http://www.bpb.de/wissen/0ZUWM5,0,0,Aktion%E4rsstruktur_von_ DAXUnterneh-
men.html

Neben der „Internationalisierung des DAX" hat sich auch die Haltedauer von Aktien in den letzten Jahrzehnten deutlich verkürzt. „Im Jahr 1980 lag die [weltweite] Umschlagshäufigkeit von Aktien bei 0,1. Das heißt, im Durchschnitt hielten die Käufer von Aktien diese zehn Jahre in ihrem Besitz. Im

Jahr 2008 lag die Umschlagshäufigkeit 35-fach höher, Aktien wurden im Durchschnitt nach gut drei Monaten Haltedauer wieder verkauft."[46] Die Abbildung verdeutlicht den massiven Anstieg der Umschlagshäufigkeit sowie die kontinuierlichen Zunahme des Aktienhandels.

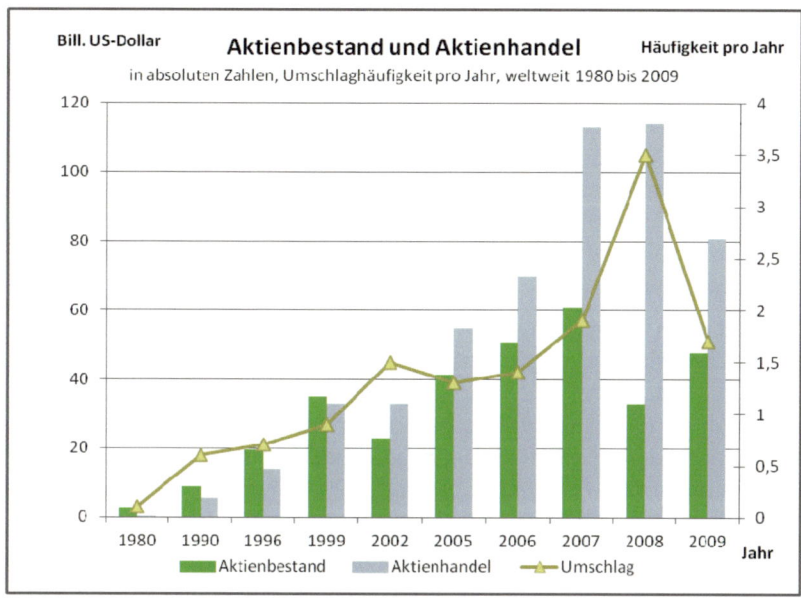

Abbildung 3: Aktienbestand und Aktienhandel
Quelle: BPB, http://www.bpb.de/wissen/5lAXN9,0,0,Aktienbestand_und_Aktienhandel.html

Ein Grund für die gestiegene Umschlagshäufigkeit ist der technische Fortschritt. Mit Hilfe des computergestützten Handels können Transaktionen innerhalb von Millisekunden durchgeführt werden. Vor allem institutionelle Investoren[47] und Hedgefonds nutzen heute das algorithmische Handeln. Die Deutsche Börse AG verzeichnete eine Verdreifachung des elektronischen Handels innerhalb der letzten fünf Jahre, somit kam es zu einer wesentlichen Beschleunigung des Börsengeschehens.[48] Investoren können binnen kürzester Zeit Kapital von einem Unternehmen abziehen und in eine augenscheinlich lukrativere Anlage investieren. Die Vorstände müssen daher ständig ihr Unternehmen für den Kapitalmarkt attraktiv halten, der Börsenkurs gewinnt

---

[46]   BPB, http://www.bpb.de/wissen/5lAXN9,0,0,Aktienbestand_und_Aktienhandel.html
[47]   Hierzu zählen Banken, Pensionsfonds, Investmentfonds und Versicherungen.
[48]   vgl. BPB,
       http://www.bpb.de/wissen/5lAXN9,0,0,Aktienbestand_und_Aktienhandel.html

an Bedeutung und der Planungshorizont verkürzt sich.[49] Außerdem hat sich die Geschwindigkeit der Informationsverbreitung in den letzten Jahren rapide beschleunigt. Immer schneller wird eine immer größere Informationsflut verarbeitet und einer breiten Bevölkerungsmasse zur Verfügung gestellt.[50]

Der Kapitalmärkte, also die Eigenkapital- und Fremdkapitalgeber, sind eher kurzfristig orientiert. Dies wird deutlich, wenn es zu Aktienkurseinbrüchen kommt, weil ein Unternehmen schlechte Quartalszahlen vorlegt, obwohl es strategisch gut aufgestellt ist.[51] Die Kurzfristigkeit ergibt sich daraus, dass die vorrangig institutionellen Investoren versuchen sich dem optimalen Renditewert durch ihre Kauf- und Verkaufsentscheidungen anzunähern. Im Zentrum der Informationssuche steht das Auffinden von Hinweisen auf bevorstehende Kursreaktionen. Dieser Anlagetyp ist nicht an einer unternehmenswertorientierten, langfristigen Führung und Ausrichtung des Unternehmens interessiert.

Selbst wenn ein Anleger in seinem Investitionsverhalten langfristig ausgelegt ist, müsste er bei ökonomischem Verhalten eine kurzfristige Anlage präferieren. Hat sich der Anleger über das Unternehmen informiert und erkannt, dass das Management langfristig gewinnbringende Maßnahmen plant, die aber kurzfristig den Geschäftserfolg negativ beeinflussen, dann wäre es auch für den langfristigen Anlegertyp rational, sich kurzfristig von dem Unternehmen zu trennen und nach dem Kursrückgang erneut zu investieren.[52]

Das deutlich gewordene Problem besteht in den unterschiedlichen Zeithorizonten der Unternehmensführung und den Investoren. Während die Investoren kurzfristige Renditen erzielen wollen, sollte ein Unternehmen Entscheidungen treffen, die langfristiger Natur sind. Zudem wird das erforderliche Kapital langfristig benötigt.

Ein weiterer Aspekt ist die unterschiedliche Risikopräferenz von der Unternehmensführung und den Anteilseignern. Der Wettbewerbsdruck um das knappe Gut Kapital führt dazu, dass die Investoren die Macht besitzen riskantere Geschäftsmodelle durchzusetzen. Insbesondere die institutionellen Investoren erfreuen sich einer gesteigerten Machtfülle.[53] Die höhere Renditeforderung führt zu einem höheren systematischen Risiko für den Investor. Doch bei einer guten Diversifizierung des Portfolios sinkt das unsystematische Risiko des Anlegers, so dass der Investor bei seinem Einzelinvestment ein höheres Risiko eingehen und somit auch eine höhere Rendite erzielen

---

[49] vgl. Wassermann, 2011, Seite 318
[50] vgl. Büffel, http://www.neuegegenwart.de
[51] vgl. Wassermann, 2011, Seite 317 und Lister, 2002, Seite 77 ff.
[52] vgl. Wassermann, 2011, Seite 285 f.
[53] vgl. Sinn, 2010, Seite 115 ff. und Schweickart, 2006, Seite 9

kann. Demgegenüber ist die Unternehmensführung einem hohen unsyste-matischen Risiko ausgesetzt, denn sie ist mit ihrem Humankapital an das Unternehmen gebunden und kann nicht diversifizieren.[54]

Im Zusammenhang mit der hohen Rendite-/ Risikoforderung der Anteilseig-ner ist die eingeschränkte Haftung für das eingesetzte Kapital zu nennen. Während Aktionäre in guten Marktlagen zu 100 Prozent am Gewinn partizi-pieren, ist ihr Verlust auf das eingesetzte Kapital beschränkt. So erzielte die deutsche Industrie in den letzten Jahren eine Eigenkapitalrendite von 28 bis 39 Prozent.[55] Für die Investoren der Industrietitel hätte es bei vollständiger Gewinnausschüttung zur Folge, dass sie bereits nach drei Jahren einen To-talverlust des eingesetzten Kapitals hinnehmen könnten und trotzdem kein Geld verlören. Plakativ ausgedrückt bedeutet dies: Verluste werden soziali-siert und Gewinne privatisiert. Die Verluste, die über die Grenze des haften-den Eigenkapitals hinaus gehen, tragen die Gläubiger und der Staat. Da mehr Geld über Sozialtransfers für die arbeitslosen Mitarbeiter ausgegeben werden müssen und weniger Steuern und Abgaben geleistet werden.[56]

Würde sich ein Unternehmen für ein vorsichtigeres Geschäftsmodell ent-scheiden, dann quittierte der Kapitalmarkt dies mit Kurseinbrüchen. Analys-ten würden das Management des Unternehmens kritisieren und das Unter-nehmen wäre ein potenzieller Kandidat für eine feindliche Übernahme. Wenn eine solche Übernahme erfolgen würde, dann tauschte das neue Ma-nagement das konservative Geschäftsmodell gegen eine Maximierung des Unternehmenswertes, also des Shareholder Values[57], aus. Aktionäre erhiel-ten kurzfristig eine höhere Rendite. Diese Geschäftspolitik ginge zu Lasten der Stakeholder und der langfristigen Stabilität des Unternehmens. Wenn es nicht zum Austausch und damit Wandel des Unternehmens kommt, dann wäre die Konsequenz ein Aktienkurseinbruch, weniger Kapital für Investitio-nen stünde bereit, das Unternehmen kann weniger wachsen, der Umsatz bricht ein und die Erwartungen an der Börse werden immer geringer, was sich durch den fallenden Aktienkurs ausdrückt – ein negativer Strudel ent-steht für das Unternehmen.[58]

---

[54]   vgl. Lazar, 2007, Seite 50
[55]   vgl. Streim, http://www.maerkischeallgemeine.de
[56]   vgl. Nastansky, 2010, Seite 23-29 und Sinn, 2010, Seite 108 ff.
[57]   SV = Marktwert des Eigenkapitals, errechnet durch Diskontierung der zukünftigen Free Cashflows
[58]   vgl. Sinn, 2010, Seite 124 f.

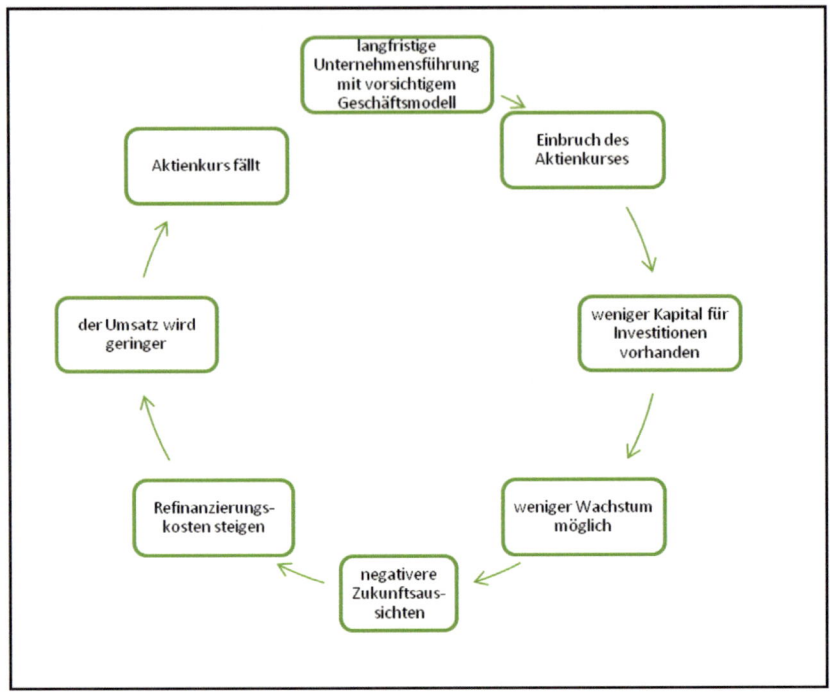

Abbildung 4: Reduktion des Aktienkurses durch nachhaltige Unternehmensführung
Quelle: eigene Darstellung

Die Anteilseigner der Unternehmen fordern stets einen hohen Anteil der Unternehmensgewinne in Form von Dividenden auszuschütten. Dabei wäre es für das Unternehmen eigentlich besser, die Gewinne im Unternehmen zu reinvestieren und durch die Hebelwirkung noch höhere Gewinne in der Zukunft zu erzielen. Doch da die Zukunft ungewiss ist, möchten die Anteilseigner lieber eine sofortige Ausschüttung an Stelle einer höheren aber ungewissen Rendite in der Zukunft. Bei langfristigen Investitionsabsichten der Investoren würde das Kapital reinvestiert.[59]

In Anlage 1 ist die jeweilige Anteilseignerzusammensetzung der DAX-Konzerne dargestellt. Interessant ist bei den aktuellen Besitzverhältnissen, dass der Aktienstreubesitz mit über 70 Prozent[60] recht hoch ausfällt. Insbesondere Privatanleger und Investoren mit einer geringen Beteiligung neigen dazu, ihre Kontrollaufgaben gegenüber dem Vorstand und Aufsichtsrat nur

---

[59]   vgl. Meyer, 2006, Seite 158 f.
[60]   Der Mindestaktienstreubesitz liegt bei zehn Prozent, um im DAX gelistet zu werden.

eingeschränkt wahrzunehmen. Auf diesen Punkt wird in Abschnitt 3.2.3 weiter eingegangen.

Die Banken und Vermögensverwalter stellen die zweite große Gruppe der Investoren im DAX dar. Besonders durch den hohen Anteil an Streubesitz ist es für die Finanzdienstleister leicht, selbst einen starken Einfluss auf die Unternehmensentscheidungen zu nehmen. Hinzu kommt bei den Depotbanken, dass Kleinaktionäre häufig ihre Bank beauftragen für sie die Stimmrechte auf der Hauptversammlung auszuüben.[61] Damit haben Banken eine große Machtbasis. Theoretisch und rechtlich vorgeschrieben ist, dass die Kreditinstitute die Aktionärsinteressen auf der Hauptversammlung vertreten. Praktisch kommt es jedoch zu Interessenkonflikten, wenn die Bank einerseits selbst stark in das Unternehmen investiert ist, die Interessen von Großaktionären vertritt und gleichzeitig auch die Kleinaktionärsinteressen repräsentieren sollen.

3.2.2 Corporate Governance und Aufsichtsrat

Für den Begriff Corporate Governance gibt es in der Literatur keine klare Begriffsdefinition. Im Folgenden wird unter „Corporate Governance" die Kontrolle des Unternehmensmanagements und der dazu notwendige Ordnungsrahmen verstanden. Die grundlegenden Regeln bilden den strukturellen Rahmen der normativen Unternehmensführung. Die Unternehmensverfassung bildet sich aus den Handlungsbefugnissen, der Funktionsweise der Unternehmensorgane und den Regelungen, welche die Beziehungen zwischen den Organen definieren. Wenn es zu einem Splitting zwischen der Unternehmensführung und den Unternehmenseigentümern kommt, dann entsteht eine Trennung zwischen dem Eigentum und der Verfügungsgewalt.[62] Theoretisch beleuchtet dies die Prinzip-Agent-Theorie. Der aus der Trennung entstehende Regelungsbedarf ist in der Unternehmensverfassung zu lösen – eine Unternehmensführung im Sinne der Eigentümer soll das Ziel sein.

Im Gegensatz zur amerikanischen One-Tier-Board-Struktur, bei der der Aufsichtsrat und der Vorstand im gleichen Gremium sitzen, besteht in Deutschland das Trennungsmodell. Der Vorstand leitet die Gesellschaft und der Aufsichtsrat führt die Überwachungsfunktion aus.[63]

---

[61] vgl. Grundmann, 2008, Seite 245 ff.

[62] vgl. Büschgen, 2001, Seite 304; Schweickart, 2006, Seite 9; Dillerup, 2006, Seite 96–98 und Andreas, 2011, Seite 1 ff.

[63] vgl. § 76 Absatz 1 AktG, § 111 Absatz 1 AktG und Schwenker, 2011, Seite 92

Der Aufsichtsrat hat folgende Aufgaben:

- Überwachung des Vorstands,
- Prüfung des Jahresabschlusses,
- Berichtspflicht,
- Ernennen und Abberufen des Vorstands und
- vertreten der Gesellschaft gegenüber dem Vorstand.[64]

Die prozentualen Zeitanteile der verschiedenen Aufgaben des Aufsichtsrats veranschaulicht die folgende Grafik.

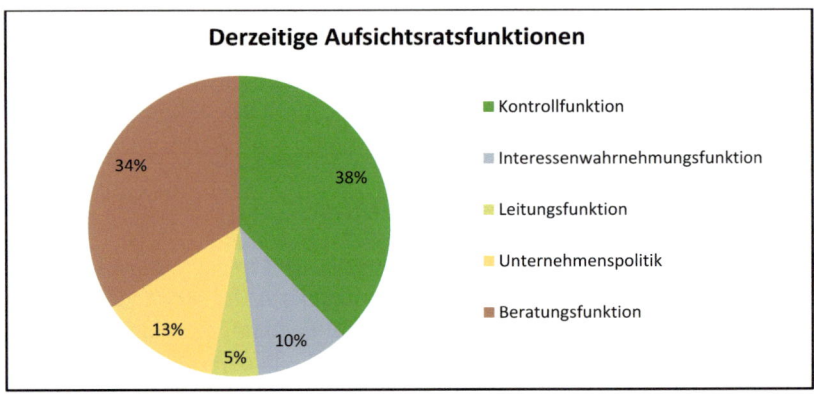

Abbildung 5: Prozentuale Verteilung der ausgeführten Aufsichtsratsfunktionen
Quelle: eigene Darstellung, Datengrundlage aus Hartmann, 2003, Seite 75

Auffällig ist an den Ergebnissen der Untersuchung, dass die Prüfungs- und Kontrollfunktion deutlich weniger als 50 Prozent der Arbeit ausmacht.

Laut einer Statistik aus dem Jahr 1998 werden pro Jahr 3,8 Aufsichtsratssitzungen durchgeführt. Diese Sitzungen dauerten durchschnittlich 3,7 Stunden, was eine Gesamtsitzungsdauer von 14 Stunden jährlich ergibt.[65] „Untersuchungen über das Verhalten von Aufsichtsraten in mitbestimmten Unternehmen ergaben, dass ‚über die Würdigung des Jahresabschlusses bzw. der Quartalsabschlüsse hinausgehende Kontrollen der Geschäftsführung nicht feststellbar waren‘ und dass ‚eine laufende Beobachtung der Rechtmäßigkeit, Zweckmäßigkeit und Wirtschaftlichkeit aller Maßnahmen der Unternehmensleitung weder möglich noch angestrebt wurde.“[66] Die Zahlen machen deutlich, dass der Aufsichtsrat nicht ausreichend in die Kontrolle der täglichen Geschäfte integriert ist. Es muss aber auch entlastend

---

[64] vgl. Tebben, 2011, Seite 14–17
[65] vgl. Hofmann, 1998, Seite 61
[66] Hofmann, 2005, Seite 84 (kein Verweis auf Zitat ersichtlich)

klargestellt werden muss, dass die Tagesgeschäftsprüfung der Revision und Compliance obliegt.

	Konzern	AR-Sitzung (Plenum)	Ausschüsse							
			Präsidium	Personal-	Prüfungs-	Bilanz-	Bilanz- und Investitions-	Finanz- und Investitions-	Strategie und Finanz-	Vermittlungs-
Nr.			(1)	(2)	(3)	(4)	(5)	(6)	(7)	(8)
1	BASF AG	6	x	x	x					x
2	Bayer AG	5	x	x	x					x
3	BMW AG	4	x	X		x				x
4	DaimlerChrysler AG	6	x		x					x
5	Deutsche Telekom AG	5	x	x	x			x		x
6	E.ON AG	5	x		x			x		x
7	RWE AG	5	x	x	x					x
8	Siemens AG	5	x		x					x
9	ThyssenKrupp AG	4	x	x	x		x		x	x
10	Tui AG	6	x		x					x
11	Volkswagen AG	5	x		x	x		x		x

Tabelle 1: Aufsichtsratssitzungen, Stand 2003
Quelle: Hofmann, 2005, Seite 87

Die Sitzungsfrequenz wurde auf Druck des Gesetzgebers in den letzten Jahren maßgeblich erhöht. Das KontraG (2002), TransPuG (2002) sowie der DCGK (2002/2003) waren Ausschlaggeber für den Anstieg der Aufsichtsratssitzungen. Die obige Abbildung veranschaulicht dies exemplarisch für einige DAX-Unternehmen.[67] Gesetzlich vorgeschrieben sind zwei Aufsichtsratssitzungen pro Kalenderjahr.[68]

Die häufig genannten Hauptkritikpunkte gegenüber der Aufsichtsratsfunktion sind, dass der Rat eine fehlende Unabhängigkeit besitzt und es zu Interessenkonflikten der Mitglieder kommt.

---

[67] vgl. Hofmann, 2005, Seite 87
[68] vgl. § 110 Abs. 3 AktG

In der Vergangenheit war es gängig, dass Vorstandsmitglieder nach deren Abberufung in den Aufsichtsrat wechselten. Dieser Praxis hat der Gesetzgeber jedoch Einhalt geboten, da Punkt 5.4.4 des DCGK eine Karenzzeit von zwei Jahren vorschreibt, bis ein Vorstandsmitglied in den Aufsichtsrat wechseln kann. Das „Old-Boys-Netzwerk" sollte so „zerschlagen" werden. Doch der Fall Josef Ackermann (Vorstandsvorsitzender der Deutschen Bank AG) hat gezeigt, dass der Gesetzgeber ein „Gesetzesschlupfloch" gelassen hat - „es sei denn ihre Wahl erfolgt auf Vorschlag von Aktionären, die mehr als 25% der Stimmrechte an der Gesellschaft halten. In letzterem Fall soll der Wechsel in den Aufsichtsratsvorsitz eine der Hauptversammlung zu begründende Ausnahme sein."[69] Sind sich also die Mehrheit der Aktionäre einig, dann kann auch weiterhin der direkte Wechsel vom Vorstand in den Aufsichtsrat erfolgen. Eine in Anlage 2 dargestellte Untersuchung weist nach, dass aktuell 19 von 30 Aufsichtsratsvorsitzenden direkt vom Vorstand in das Kontrollorgan wechselten.

Um Interessenkonflikte zu vermeiden hat die Legislative im DCGK festgelegt, dass Aufsichtsratsmitglieder über eine geeignete Qualifikation zur Aufgabenerfüllung zu verfügen haben sowie der Beruf und sonstige Aufsichtsratsmandate offengelegt werden müssen.[70] Wie Anlage 2 zeigt, haben die Aufsichtsratsvorsitzenden sehr gute Qualifikationen. Die Anlage zeigt jedoch auch, dass 17 Aufsichtsratsvorsitzende parallel mindestens zwei Mandate inne haben.

Ein Drittel der Aufsichtsratsmandate muss durch Arbeitnehmervertreter gestellt werden.[71] Zwar konnte in einer Studie nachgewiesen werden, dass sich diese Mitbestimmung nicht negativ auf die Performance des Unternehmens auswirkt. Es bleibt jedoch fraglich, ob die Arbeitnehmervertretung die nötige Qualifikation und Objektivität zur Durchführung der Aufgabe besitzt.[72]

Da es sich bei dem Verhältnis zwischen dem Aufsichtsrat und den Aktionären um eine Prinzipal-Agent-Beziehung handelt, kann die Informationsasymmetrie entweder durch geeignete Anreizsysteme oder durch Kontrollinstrumente aufgehoben werden.[73]

Durch einen Satzungsbeschluss oder durch Entscheidung der Hauptversammlung kann eine Vergütung für den Aufsichtsrat beschlossen werden.[74] In der Praxis werden häufig eine Jahrespauschale, eine pauschalierte Auf-

---

[69] Punkt 5.4.4 DCGK
[70] Hartmann, 2003, Seite 28 f. und §§ 124/125 AktG
[71] vgl. § 4 DrittelbG
[72] unbekannter Autor, 2006, Seite 6
[73] vgl. Dillerup, 2006, Seite 96
[74] vgl. § 113 AktG

wandsentschädigung und ein Sitzungsgeld gezahlt. Laut einer Studie wird den Aufsichtsratsmitgliedern eine Sitzungsteilnahme in Höhe von 100 bis 1.000 Euro pro Sitzung vergütet.[75] Während der letzten Jahre fand eine Umorientierung der Vergütungsstruktur der DAX-Aufsichtsräte statt. Der Anteil an der variablen, kurzfristigen Vergütungskomponente nahm zu. Als Bemessungsgrundlage dient in den meisten Unternehmen das Konzernergebnis je Aktie, teilweise auch die Dividendenhöhe. In zwölf DAX-Unternehmen liegt der Anteil der variablen Vergütung über dem Anteil des Fixgehalts.[76] Die Orientierung an den kurzfristigen Bemessungsgrundlagen für die variable Vergütung verfolgt nicht die erforderliche langfristige Sichtweise, sondern gibt Anreize während der Amtstätigkeit die Gewinne des Unternehmens kurzfristig zu maximieren, um eine maximale Bonushöhe zu erreichen. Zudem entsteht ein Interessenkonflikt. Aufsichtsräte führen eine Kontrollfunktion aus. Sollte ein Aufsichtsratsmitglied eine opportunistische Bilanzpolitik anprangern, dann würde er sich bei einer kurzfristigen, erfolgsorientierten Vergütung selbst bestrafen.[77] Dies ist nicht allzu unrealistisch. Denn immerhin 27 der 30 DAX-Unternehmen haben ihren Aufsichtsräten eine variable Vergütung gezahlt, doch nur ein Unternehmen richtete im Jahr 2009 diese variable Vergütung an langfristigen Zielen aus - 2007 waren es noch zwei Unternehmen.[78]

Doch im Zuge der Finanz- und Wirtschaftskrise setzte auch ein Umdenken bei der Bezahlung der Aufsichtsgremien ein. Bereits sechs der 30 DAX-Konzerne bezahlen ihre Aufsichtsratsmitglieder über Fixgehälter. Dies wird kritisch betrachtet, da in Zeiten des wirtschaftlichen Aufschwungs die Vergütung auf einem hohen Niveau gesichert wird. In Studien konnte bislang nicht eindeutig gezeigt werden, dass eine leistungsorientierte Vergütung des Aufsichtsrats den Unternehmenserfolg steigert.[79]

Abschließend kann festgestellt werden, dass es die Diskrepanz gibt, dass der Aufsichtsrat die Überwachungsfunktion inne hat. Er soll den nachhaltigen Erfolg des Unternehmens schützen. Gleichzeitig die Bezahlung des Rates jedoch kurzfristig ausgerichtet ist.

---

[75]   vgl. Hartmann, 2003, Seite 36
[76]   vgl. Hartmann, 2003, Seite 36 f. und Hönisch (1), http://www.pwc.de
[77]   vgl. Tebben, 2011, Seite 2
[78]   vgl. Hönisch (2), http://www.pwc.de und vgl. Hönisch (1), http://www.pwc.de
[79]   vgl. Hartmann, 2003, Seite 104 ff. und Fockenbrock,
        http://www.handelsblatt.com/unternehmen/

3.2.3   Anreizsysteme des Vorstands – Pay for Performance?

In der öffentlichen Diskussion wurden die hohen Managerbonifikationen als ein Grund für die Finanzkrise angesehen. Ob das Anreizsystem für die oberste Führungsebene wirklich falsch ausgelegt ist, soll der folgende Abschnitt analysieren.

Wie auch zwischen dem Aufsichtsrat und den Eigenkapitalgeber, so herrscht auch zwischen dem Vorstand und den Aktionären eine Prinzipal-Agent-Beziehung.

Die Unternehmenseigentümer sind nicht in das operative Unternehmensgeschehen eingebunden, sondern überlassen dies dem Vorstand. Als Gegenleistung erhält dieser eine Entschädigung in Form der Vergütung. Wie bereits bei der Betrachtung des Aufsichtsrats erwähnt, können Anteilseigner in Form geeigneter Anreizinstrumente oder über Kontrollmechanismen die Folgen der Informationsasymmetrie überwinden. Kontrollmöglichkeiten besitzen Aktionäre indirekt über den Aufsichtsrat. Doch die Kontrollen des Aufsichtsrats können durch falsche Anreizsysteme und mangelnde Zeit Vorort im Unternehmen nicht vollständig abgedeckt werden. Daher müssen die Anreiz-instrumente für Vorstände die Ziele der Eigentümer abdecken.[80]

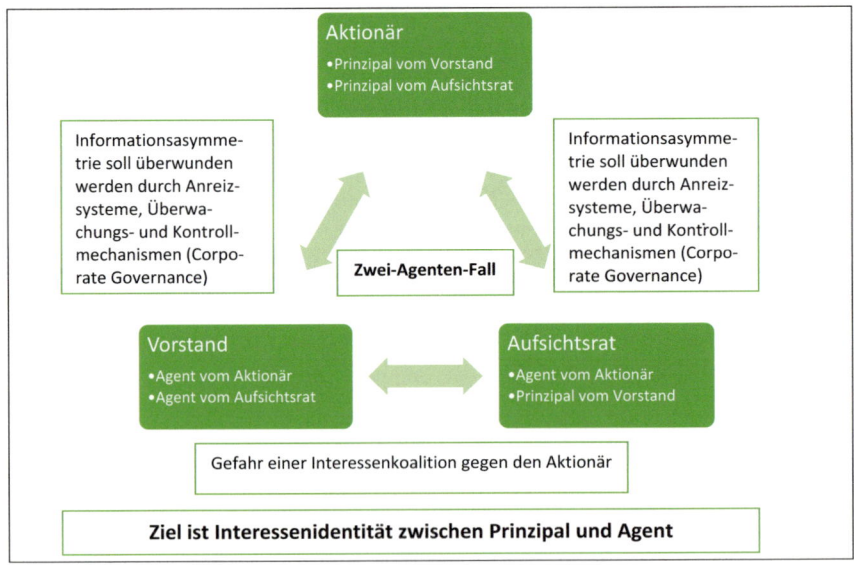

Abbildung 6: Zwei-Agenten-Fall
Quelle: eigene Darstellung mit Informationen aus Dillerup, 2006, Seite 10 ff. und Hartmann, 2003, Seite 51 f.

---

[80]   vgl. Lazar, 2007, Seite 11 f.

Zusätzlich kommt bei Aktiengesellschaften in Deutschland hinzu, dass der Aufsichtsrat gegenüber dem Vorstand bei dessen Bestellung ebenso eine Prinzipalstellung einnimmt. Die Gefahr besteht darin, dass der Aufsichtsrat und Vorstand eine Interessenkoalition gegenüber den Aktionären bilden. Geeignete Anreiz, Kontroll- und Überwachungsmechanismen können dies verhindern.[81]

Über welche Einkünfte der jeweilige CEO im Jahr 2010 verfügen konnte, zeigt Anlage 3. Eine detaillierte Betrachtung der einzelnen Managervergütungen ist nur schwer möglich. Der Gesetzgeber hat das Gesetz zur Offenlegung der Vorstandsvergütung seit 2006 verpflichtend für die Kapitalgesellschaften eingeführt. Der DCGK sieht eine Offenlegung ebenso vor. Trotzdem ist keine vollständige Transparenz gegeben. Zu den Einkünften zählen beispielsweise keine Pensionszusagen, so dass sich insbesondere bei diesen Ansprüchen Vergütungen „verbergen" lassen. Auch bei den oft vereinbarten Aktienoptionen als variable Vergütung gibt es keine eindeutigen Transparenz-ansprüche über die Höhe der erworbenen Bezugsrechte und deren Ausübung durch die Vorstandsmitglieder.

Eine Analyse der Gehälter der letzten Jahre zeigt, dass insbesondere während der Krisenjahre die Gehälter der Unternehmensführungen zurückgingen. Demgegenüber wird in der Abbildung jedoch auch sichtbar, dass besonders im letzten Jahrzehnt die Gehälter der Vorstände stark gestiegen sind.

---

[81] vgl. Hartmann, 2003, Seite 51 f.

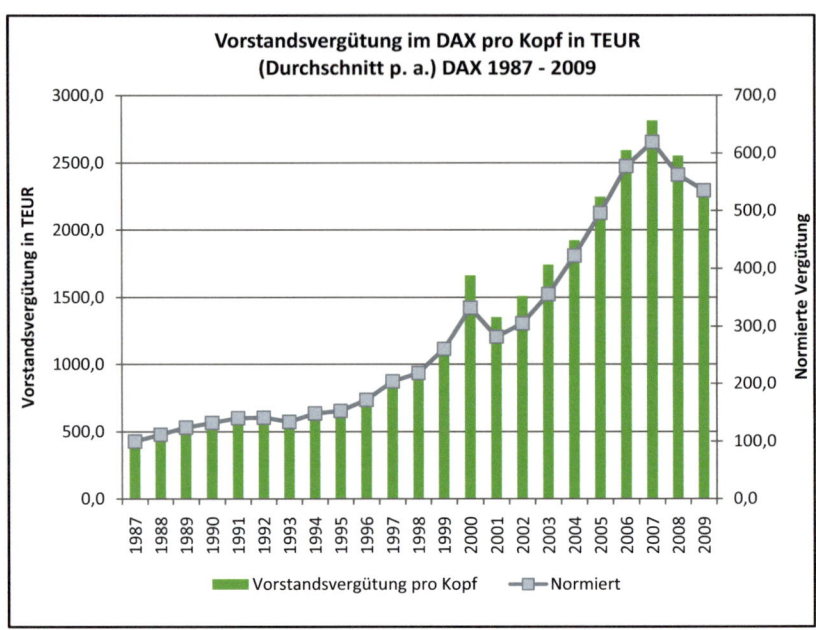

Abbildung 7: Vorstandsvergütung pro Kopf im DAX
Quelle: Schwalbach, http://www2.wiwi.hu-berlin.de

Die Abbildung 8 veranschaulicht, dass die Gehälter der Vorstände im Vergleich zu den Personalkosten deutlich stärker stiegen. Die Pensionsaufwendungen hingegen sind in den letzten Jahren tendenziell zurückgegangen. Dies veranschaulicht die Abbildung 9.

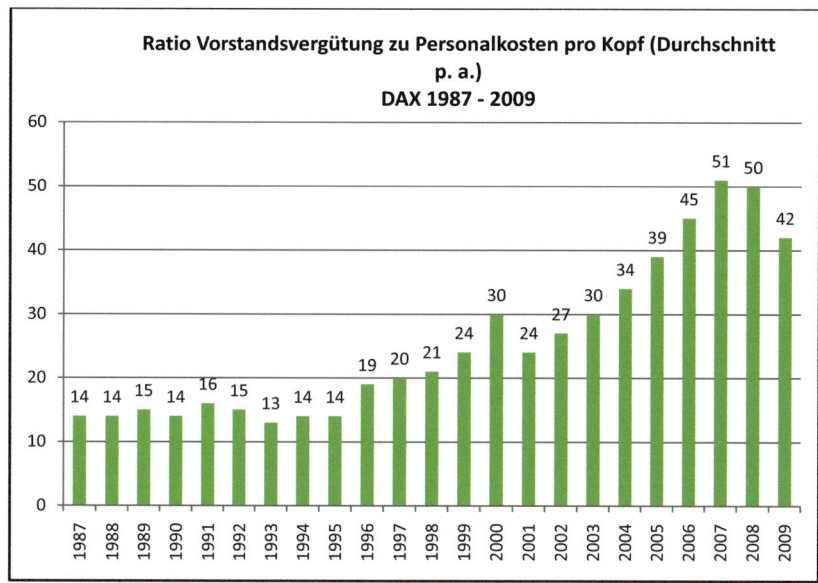

Ratio Vorstandsvergütung zu Personalkosten pro Kopf (Durchschnitt p. a.)
DAX 1987 - 2009

Abbildung 8: Ratio Vorstandsvergütung zu Personalkosten im DAX
Quelle: Schwalbach, http://www2.wiwi.hu-berlin.de

Inwieweit die Performance eines Unternehmens und die Vergütung des Vorstands in einem positiven Zusammenhang stehen, können Studien bislang nicht eindeutig belegen.

Studien, die einen positiven Zusammenhang zwischen der Unternehmensperformance und der Vorstandsvergütung belegen:

- Fong/ Misangyu/ Tosi (2010)
- Hurst/ Vos (2009)
- Leschnitzer (2007)
- Stammerjohan (2004)
- Anderson/ Banker/ Ravindran (2000)
- Bishop/ Veliyath (1995)
- Sloan (1993)
- Lamber/ Larcker (1987)
- Bayless (2009)[82]

Studien, die nachweisen, dass die Vorstandsvergütung ohne Leistung gezahlt wurde und Studien, die keinen direkten Zusammenhang zwischen der Vergütung und der Unternehmensperformance herstellen konnten:

---

[82] vgl. Berens, 2010, Seite 1 ff.

- Bebchuck/ Fried (2004)
- Jackson/ Lopez/ Reitenga (2008)
- Tosi (2005)
- McGuire/ Dow/ Argheyd (2003)
- Bebchuk/ Grinstein (2005)
- Tosi/ Greckhamer (2004)
- Frey/Osterloh (2005)
- Dalton (2003)
- Jensen/ Murphy (1990)[83]

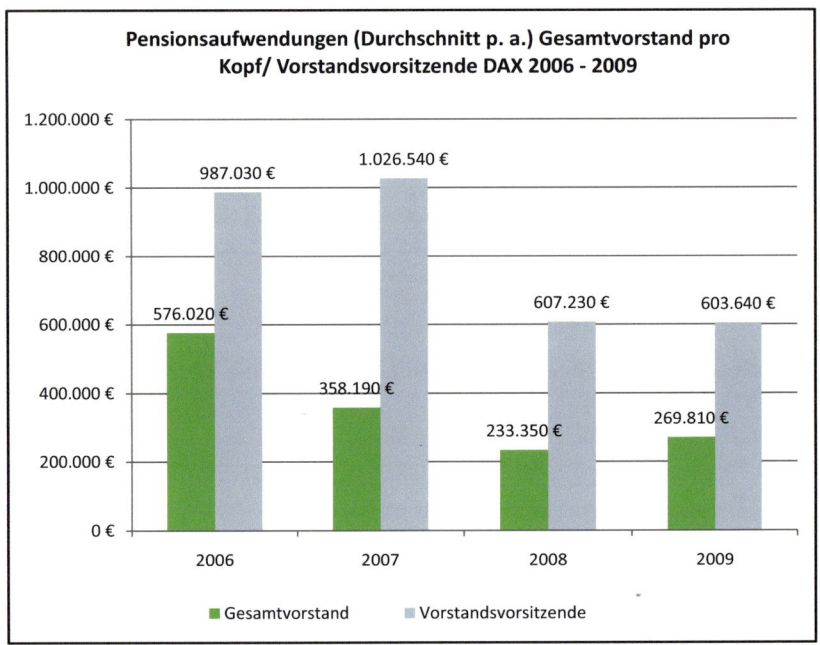

Abbildung 9: Pensionsaufwendungen des Gesamtvorstands pro Kopf/ Vorstandsvorsitzende DAX
Quelle: Schwalbach, http://www2.wiwi.hu-berlin.de

Allgemein kann gesagt werden, dass weniger die Unternehmensentwick-
lung, als vielmehr die Größe des Unternehmens ausschlaggebend für die
Vergütungshöhe ist. Je größer ein Unternehmen ist, desto mehr verdient der
Vorstand. Eine positive Korrelation zwischen der Vorstandsvergütung und
Aktienstreuung konnte ebenso nachgewiesen werden. Kleinanleger machen
von ihrer Kontrollmacht häufig keinen Gebrauch, sie verhalten sich wie Free

---

[83]   vgl. Berens, 2010, Seite 1 ff.

Rider, daher steigt mit zunehmender Besitzstreuung auch das Vorstandsge-halt.[84]

Problematisch im Zusammenhang mit der Vorstandsvergütung ist außer-dem, dass diese lediglich durch den Personalausschuss des Aufsichtsrats be-schlossen wird und die Aktionäre kein direktes Mitspracherecht haben.[85]

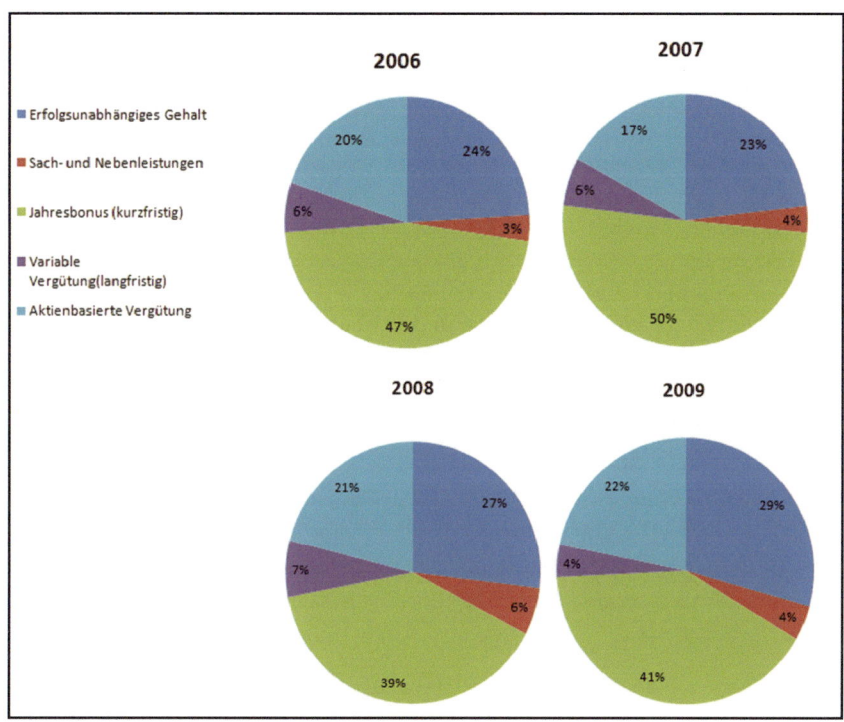

Abbildung 10: Vergütungskomponenten der DAX-Vorstände von 2006 bis 2009
Quelle: Schwalbach, http://www2.wiwi.hu-berlin.de

Die Abbildung 10 veranschaulicht, dass auch in den letzten Jahren der kurz-fristige Bonus einen Anteil von 40 bis 50 Prozent der Gesamtvergütung eines Vorstandsmitglieds ausmachte.[86] Wenn zusätzlich die aktienbasierten Ver-gütungen hinzuaddiert werden, dann beläuft sich die kurzfristig orientierte Vergütung auf durchschnittlich circa 60 Prozent der Gesamtvergütung. Die-ser Wert macht deutlich, dass die Vorstände auf der einen Seite langfristig

---

[84]   vgl. Berens, 2010, Seite 7, 14
[85]   vgl. § 107 Abs. 3 S. 3 AktG
[86]   Die Vergütung vom Vorstandsvorsitzenden und den restlichen Mitgliedern des Vor-stands unterscheidet sich nicht wesentlich.

agieren sollen, um den Unternehmenswert nachhaltig zu steigern. Auf der anderen Seite werden die Manager jedoch vorwiegend kurzfristig bezahlt. Es entsteht ein Zielkonflikt zwischen den Aktionären und der Unternehmensführung.

Die kurzfristige Bezahlung führt dazu, dass die Unternehmensführung Anreize gesetzt bekommt höhere Risiken einzugehen, wodurch aber Qualitäts- und Nachhaltigkeitskriterien vernachlässigt werden.[87] Hinzu kommt die Gefahr, dass eine Bezahlung, die auf Wachstum ausgerichtet ist, im Falle von ungünstigen exogenen Bedingungen dazu führen kann, dass das Management auf kurzfristige Wachstumsstrategie ausweicht. Dies würde zu Lasten der langfristen Entwicklungsperspektiven des Unternehmens durchgeführt werden. Umgesetzt werde kann die kurzfristige Strategie z. B. durch Einsparungen im F&E-Bereich, Kürzungen bei der Personalentwicklung oder durch Absenkung der Produktqualität. Umsatzsteigerungen erzielt das Management anschließend durch Preissenkungen. Diese Maßnahmen schaden dem Unternehmen auf lange Sicht, wirken sich aber unter Umständen positiv auf die kurzfristigen Kennzahlen aus. Eine weitere Möglichkeit der kurzfristigen Erfolgsrealisierung besteht im Auflösen von stillen Reserven oder dem „creative Accounting". Folge dieser Handlungsweise wäre, dass die strategischen Erfolgspotenziale des Unternehmens vernachlässigt werden.[88]

Die Kritikpunkte und Vorteile der Vergütung mit aktienbasierten Vergütungssystemen fasst die folgende Tabelle zusammen.

Der Gesetzgeber hat das Problem der kurzfristigen Ausrichtung der Unternehmensführung erkannt und im DCGK deshalb vorgeschrieben, dass die variable Vergütung langfristig ausgerichtet sein muss.[89]

---

[87] Nastansky, 2010, Seite 23–29
[88] vgl. Bleicher, 1995, Seite 399 f.
[89] vgl. Punkt 4.2.3 DCGK

Vorteile von aktienbasierten Vergütungssystemen	Nachteile von Aktienoptionen/Shareholder-Value basierten Vergütungssystemen
einfache und objektive Ermittlung	kurzfristige Erfolge werden belohnt statt langfristiger Fortschritt
wenig Berechnungsaufwand	Reduktion der Dividendenzahlungen statistisch nachgewiesen, weil durch Dividende zukünftige CFs reduziert werden
	Aktienkurs nur bedingt durch Management beeinflussbar; kann von steigendem/ sinkenden Kursen profitieren/ benachteiligt sein -> wirkt demotivierend
	durch gezielte Kommunikationsmaßnahmen und Wahlrechte in der Bilanzierung kann der Vorstand den Aktienkurs beeinflussen

Tabelle 2: Vor- und Nachteile einer variablen Vergütung mit dem Shareholder Value oder Aktienoptionen als Bemessungsgrundlage
Quelle: eigene Darstellung mit Informationen aus: Hahn, 2006, Seite 362 ff.; Nastansky, 2010, Seite 23 ff.; Martin, 2010, Seite 76-85; Lazar, 2007, Seite 51 f.

Die variablen Gehaltsbestandteile sollen eine mehrjährige Bemessungsgrundlage aufweisen. Da diese Vorgabe bereits nach zwei Jahren erfüllt ist, ergibt sich weiterhin lediglich eine kurzfristige Ausrichtung der Vergütung. Zudem umgehen einige Aktiengesellschaften die gesetzlichen Vorgaben, indem sie so genannte „Signing Boni" zahlten. Der Dienstantritt wird sofort und ohne Gegenleistung mit einem Bonus „versüßt".[90]

Die Studie von Prinz und Schwalbach macht abschließend deutlich, dass es im Jahr 2009 im DAX keinen signifikanten Zusammenhang zwischen der Bezahlung des Vorstandsvorsitzenden und der Unternehmensentwicklung gab. Zudem verleitet der große Anteil der kurzfristigen variablen Vergütung die Vorstände dazu lediglich kurzfristige Entscheidungen zu treffen, damit eine möglichst hohe Erfolgsprämie realisiert wird.

---

[90] Utz Claassen erhielt zum Jobantritt bei Solar Millennium ein Handgeld von zehn Millionen Euro. Nach 74 Tagen verließ er das Unternehmen und zahlte die Prämie nicht zurück.
vgl. Palan, http://www.manager-magazin.de

Unternehmen	VV in 2009	NWS in 2009 in %	NEKR in 2009 in %	GD-Vergü-tung in 2009 in TEUR	Fair Pay in 2009 in TEUR	Over-Pay (Under-Pay) in 2009 in TEUR	Pay/Fair-Pay in 2009 in TEUR
RWE	J. Großmann	8,5	22,0	9.131	4.208	4.923	217,0
Dt.Bank	J. Ackermann	79,5	1,8	9.398	4.443	4.954	211,5
Siemens	P. Löscher	14,8	-1,5	7.033	3.693	3.339	190,4
Linde	W. Reitzle	33,4	-0,4	6.181	3.912	2.269	158,0
Volkswagen	M. Winterkorn	78,7	-5,0	6.600	4.268	2.332	154,6
SAP	L. Apotheker	28,0	16,3	6.563	4.269	2.294	153,7
Allianz	M. Diekmann	11,6	1,6	4.793	3.735	1.058	128,3
Dt.Post	F. Appel	10,6	-6,2	4.410	3.532	878	124,9
Daimler	D. Zetsche	38,4	-19,7	4.230	3.488	742	121,3
Eon	W. Bernotat	1,3	15,2	4.419	3.966	453	111,4
Adidas	H. Hainer	38,3	-0,5	4.162	3.962	200	105,1
Mün.Rück	N. v. Bomhard	-7,7	4,2	3.335	3.601	-266	92,6
Metro	E. Cordes	46,0	-0,8	3.663	4.032	-369	90,8
Bayer	W. Wenning	36,2	0,9	3.531	3.973	-442	88,9
FMC	B. Lipps	7,6	10,6	3.180	3.917	-737	81,2
Merck	K.-L. Kley	-2,3	-1,1	2.812	3.526	-713	79,8
BASF	J. Hambrecht	55,5	-1,7	3.272	4.109	-837	79,6
Dt.Telekom	R. Obermann	-2,3	-5,0	2.692	3.429	-738	78,5
Beiersdorf	Th. Quaas	2,2	5,5	2.481	3.734	-1.253	66,4
Henkel	K. Rorsted	56,9	3,0	2.811	4.239	-1.429	66,3
BMW	N. Reithofer	42,1	-4,1	2.565	3.912	-1.347	65,6
Dt.Börse	R. Francioni	8,7	8,7	2.456	3.881	-1.425	63,3
K+S	N. Steiner	1,5	-4,2	2.077	3.488	-1.411	59,6
Fresenius	U. Schneider	20,0	7,6	2.257	3.971	-1.714	56,8
Salzgitter	W. Leese	14,0	-20,8	1.500	3.208	-1.708	46,8
Dt.Lufthansa	W. Mayrhuber	1,9	-9,9	1.453	3.351	-1.898	43,4
MAN	H. Samuelsson	33,3	-18,0	1.356	3.477	-2.121	39,0
Infineon	P. Bauer	-11,1	-21,2	1.120	2.938	-1.818	38,1
Thyssen-Krupp	E.D. Schulz	33,0	-31,0	1.173	3.153	-1.980	37,2
Commerz-bank	M. Blessing	-102,4	-32,5	500	1.738	-1.238	28,8

Tabelle 3: Fair Pay-Level der Vorstandsvorsitzenden im DAX 30-Index im Jahr 2009
Quelle: Prinz, 2011, Seite 13

Ein weiterer Indikator, der auf ein kurzfristiges Agieren von Unternehmen hindeutet, ist die kurze Verweildauer der Vorstände in den Aktiengesell-schaften. Rund ein Drittel der Vorstände verlässt binnen der ersten drei Jahre bereits wieder das Unternehmen. Interessant ist an der Abbildung, dass fa-miliengeführte Unternehmen im Durchschnitt länger durch die gleichen Ge-schäftsführer geleitet werden.

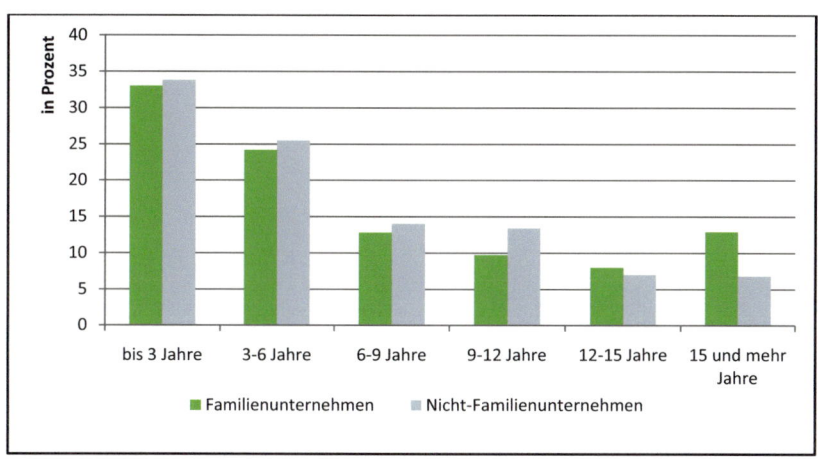

Abbildung 11: Verweildauer der Geschäftsführer und Vorstände in Unternehmen mit der Rechtsform der AG, Quelle: Keese, 2011, Seite 41

3.2.4   Konsequenzen für die Mitarbeiter

Laut einer Studie von Gallup Consulting haben bereits 25 Prozent der Angestellten innerlich gekündigt.[91]

Wenn Vorstandsvorsitzende das Gewinnstreben in den Fokus des Handelns stellen, dann löst dies negative Emotionen bei der Belegschaft aus. Die Unternehmensführung wird als autokratisch wahrgenommen und ihr wird kurzfristiges Denken unterstellt. Die Performance des Unternehmens leidet. Kommt es jedoch zu einem Ausgleich zwischen Kunden, Lieferanten, ökologischen Aspekten und Mitarbeiterinteressen, dann nehmen Mitarbeiter dies als partizipativen Führungsstil wahr und engagieren sich mehr.[92] Dies wurde in einer Studie nachgewiesen.

In vielen Unternehmen wird nach außen dargestellt, dass die Mitarbeiter im Mittelpunkt des Handelns stehen – die Wirklichkeit sieht oft anders aus. Laut der neuesten Gallup-Umfrage nehmen bei nur 17 Prozent der DAX-Unternehmen Mitarbeiter einen hohen Stellenwert ein. Demgegenüber sind nur 22 Prozent der Mitarbeiter bereit, mit vollem Engagement für ihr Unternehmen zu arbeiten. Der größte Demotivator soll laut der Umfrage eine mangelhafte Führung sein. Ergebnis ist, dass nur die Hälfte des eigentlichen Mitarbeiterpotenzials durch die Unternehmen genutzt wird. Ziel eines

---

[91]   vgl. Pressemitteilung Gallup Consulting, vgl.
http://eu.gallup.com/File/Berlin/146027/Pressemitteilung
[92]   vgl. Washburn, 2010, Seite 85

Unternehmens muss es sein, die „stillen Reserven" zu mobilisieren, um so mehr leisten zu können als die Mitbewerber. Hauptgründe für die geringe Motivation und das daraus resultierende geringe Engagement sind die fehlende Anerkennung und die mangelnde Unterstützung.[93]

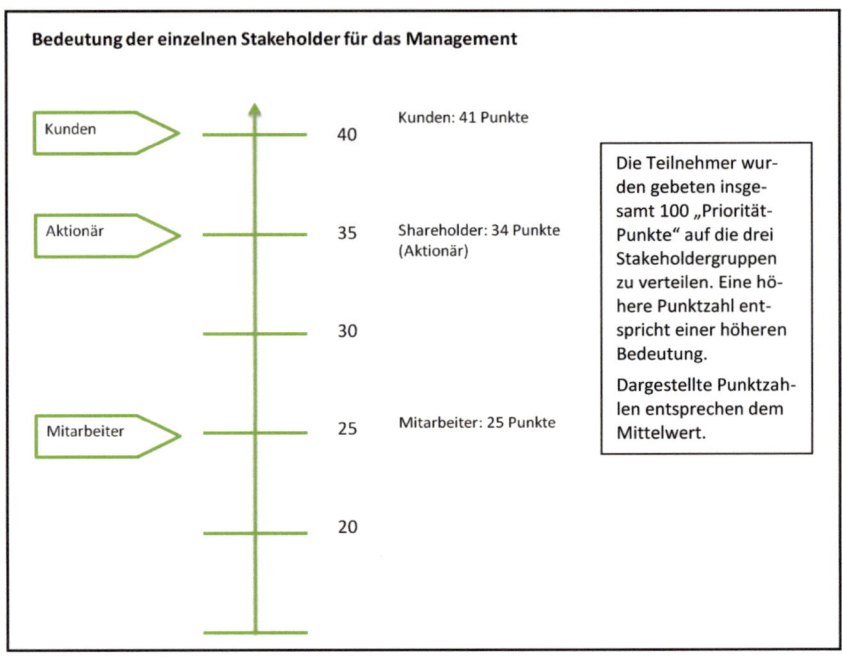

Abbildung 12: Bedeutung der Stakeholder für das Top Management
Quelle: Capgemini HR-Barometer, 2011, Seite 69

Das HR-Baromter von Capgemini Consulting zeigt in der in 2011 veröffentlichten Studie, dass Mitarbeiter die Stakeholder „dritter Klasse" sind. Sie erreichen im Vergleich zu Kunden und Aktionären für das Management einen geringeren Stellenwert, wie die Abbildung verdeutlicht. Teilweise wurden in der Studie sogar die maximale Anzahl von 100 Punkten allein für die Aktionäre vergeben. Im Durchschnitt hat gegenüber den Vorjahren die Wichtigkeit der Aktionäre ebenso zugenommen (2009: 31; 2006: 28; 2004: 29 Prioritätspunkte).[94]

---

[93] vgl. Gallup-Studie zitiert in Kobi, 2008, Seite 32
[94] vgl. HR-Baromter Capgemini Consulting, 2011, Seite 69

primäres Ziel der Unternehmensführung:
kurzfristige Aktienkursmaximierung und Gewinnsteigerung

Wahrnehmung beim Mitarbeiter:
autokratischer Führungsstil

Reaktion des Mitarbeiters:
- Arbeitsleistung wird zurückbehalten
- erhöhte Krankheitshäufigkeit
- Jobwechsel führt zu erhöhten Fluktuationskosten
- Demotivation
- mangelnde Identifikation mit Unternehmen

Folge:
„Stille Reserve" Mitarbeiter vorhanden, die den Unternehmenserfolg reduziert

Abbildung 13: Folgen der kurzfristigen Gewinnmaximierung
Quelle: eigene Darstellung mit Informationen aus Kobi, Seite 25 ff.

Mitarbeiter bezahlen das kurzfristige Denken der Firmen mit einer geringeren Arbeitsplatzgarantie. Die Identifikation mit dem Unternehmen und soziale Bindungen gehen verloren. Menschen ertragen jedoch nur ein beschränktes Maß an Unsicherheit. Das Sicherheitsbedürfnis ist die stärkste limbische Funktion. Für Mitarbeiter stellen Stabilität, Kontinuität und langfristige Beziehungen eine gewisse Verlässlichkeit dar, die sie vor Schaden bewahren soll und eine Zugehörigkeit zum Unternehmen vermittelt. So wurde für Schweizer Arbeitnehmer ermittelt, dass Sicherheit, Loyalität und eine langfristige berufliche Laufbahn innerhalb eines Unternehmens für die befragten Mitarbeiter besonders wichtig waren und nicht das Flexibilitätsdenken vorherrscht.[95]

Ein Grund für die innerliche Kündigung oder eine echte Kündigung liegt darin, dass sich der „psychologische" Arbeitsvertrag zwischen dem Unternehmen und dem Mitarbeiter in den letzten Jahren im Umbruch befand. Umstrukturierungen, Unternehmenszusammenschlüsse und Entlassungen bringen dem Mitarbeiter Diskontinuität und Risiken. Gleichzeitig soll dieser aber flexibler und mit einer hohen Eigenverantwortung handeln. Kann ein Unternehmen den Mitarbeitern nicht die erwartete Sicherheit bieten, dann fühlen sich auch die Mitarbeiter nicht mehr an das Unternehmen gebunden. Eine kurzfristige Denkweise des Unternehmens geht einher mit egoistischen

95 vgl. Kobi. 2008, Seite 22

Tendenzen, Stress, Verunsicherung, weniger Identifikation und eine geringere Leistungsbereitschaft auf Seiten der Arbeitnehmer. [96]

Abbildung 14: Forderungen Arbeitnehmer/ Arbeitgeber
Quelle: eigene Darstellung mit Informationen aus Kobi, 2008, Seite 48 f.

Die Mitarbeiter und die Gesellschaft im Allgemeinen kann durch Private-Equity-Gesellschaften, die „Heuschrecken", noch stärker belastet werden. Wie in der Anlage 4 ersichtlich ist, stieg das investierte Kapital von Private-Equity-Gesellschaften in den letzten Jahren um fast 200 Prozent. Im ersten Quartal 2009 waren rund 40 Prozent aller Exits deutscher Kapitalbeteiligungsgesellschaften Totalverluste. [97] Die allgemeine Insolvenzrate deutscher Unternehmen liegt bei unter einem Prozent. [98] Für jedes Unternehmen grün-

---

[96] vgl. Kobi, 2008, Seite 25, 48 f.
[97] vgl. Kreiß, 2010, Seite 91-95
[98] vgl. Statistisches Bundesamt, http://www.destatis.de

det die Private Equity-Gesellschaft eine Einzelgesellschaft, so dass die Haftung beschränkt ist. „Gewinne werden privatisiert, Verluste sozialisiert." Träger der Verluste bei der Insolvenz sind:

- die Arbeitnehmer die ihre Arbeitsstelle verlieren,
- die Allgemeinheit, weil Steuern der Unternehmen und Arbeitnehmer fehlen und
- die Zulieferer verlieren Abnehmer.

Es müsste eine Haftungsübernahme für die Schulden der Einzelgesellschaften von der der Private-Equity-Obergesellschaft ausgesprochen werden, wie es auch bei anderen Konzernen üblich ist. [99]

---

[99] vgl. Kreiß, 2010, Seite 91–95

4 Elemente für eine langfristige Unternehmensführung

„Nach der Shell-Studie kennen nachhaltig erfolgreiche Unternehmen kein Primat der Gewinnmaximierung, sind konservativ bezüglich Finanzen, sensitiv zu Mitarbeitenden und Umwelt, legen Wert auf ein hohes Commitment, auf Identifikation der Mitarbeitenden mit den Unternehmenszielen und fördern Freiraum und ständiges Lernen. Wo die Gewinnmaximierung prägt, bleibt wenig Raum für sozialverträgliches Handeln. "[100]

Es stellt sich jedoch die Frage, wie diese Balance aus Nachhaltigkeit, Ökonomie und Ökologie erreicht werden kann. Auf den folgenden Seiten wird näher auf die Vergütung der Unternehmensführung, die notwendigen regulatorischen Anpassungen und die Stakeholder eingegangen. Für die drei Bereiche soll dargestellt werden, welche Veränderungen zu einer langfristigeren Unternehmensführung beitragen.

4.1 Notwendige Veränderungen in der Managementvergütung

Der fehlende Zusammenhang zwischen der Entwicklung des Unternehmens und der Vergütung des Managements führt zum einen zu einer kurzfristigen Ausrichtung der Unternehmensführung, da die variablen Gehaltsbestandteile überwiegen. Zum anderen honoriert und sanktioniert die Vergütung nicht die wahren Leistungen und Fehlleistungen des Managements (siehe Kapitel 3.2.3).

Laut Friedmann hat der Manager die Aufgabe, den Unternehmenswert im Rahmen der gesetzlichen Möglichkeiten für die Anteilseigner zu maximieren. Andere Ökonomen, wie Chester Barnard, sehen das Unternehmen als soziale Institution an. Die Unternehmung hat danach die Aufgabe Menschen zusammenzubringen und Werte zu schaffen. Das oberste Management muss die teils auch konkurrierenden Forderungen der verschiedenen Anspruchsgruppen in Einklang bringen. Dies kann durch gemeinsame Werte und Anstrengungen umgesetzt werden.[101] Im Folgenden wird die Auffassung vertreten, dass die Führungskräfte die Aufgabe haben die Interessen der verschiedenen Stakeholder in Einklang zu bringen, sie dabei aber auch eine Wertsteigerung des Unternehmens verfolgen sollen.

---

[100] Kobi, 2008, Seite 32
[101] vgl. Khurana, 2009, Seite 20–32

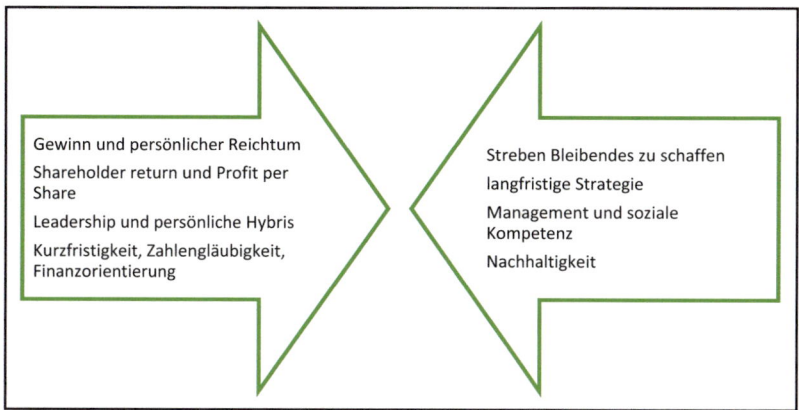

Abbildung 15: Händler- vs. Handwerkerkultur
Quelle: eigene Darstellung in Anlehnung an Schwenker, 2011, Seite 72 ff.

Schon Thomas von Aquin schrieb vor rund 800 Jahren „suum cuique triburer" – jedem soll das gegeben werden, was ihm geschuldet wird.[102] Ziel der Vergütungsregelung für

den Vorstand muss es sein, dass diese die Leistung des Managers für das Unternehmen widerspiegelt.

Folgende Fragen müssen im Zuge einer Konzeption einer Managervergütung beantwortet werden:

- Welche Anreize sollen in das Anreizsystem aufgenommen werden?
- Welche Bemessungsgrundlagen sollen der Anreizvergabe zugrunde gelegt werden?
- Welche Vergütungsfunktionen sollen die Beziehung zwischen Bemessungsgrundlage und Anreizvergabe beschreiben?
- Welche Ausschüttungsmodi sollen bei der Anreizvergabe gewählt werden?[103]

Anforderungen an Anreizsysteme

Anreizsysteme müssen für die Mitarbeiter und Führungskräfte eine Motivations- und Lenkungsfunktion aufweisen und deren Verhalten beeinflussen sowie steuern. Gleichzeitig ist eine Selektionsfunktion wichtig. Für gute Führungskräfte muss es vorteilhaft sein mit dem Anreizsystem zu arbeiten, wäh-

---

[102] vgl. Koslowski, 1999, Seite 16
[103] vgl. Hahn, 2006, Seite 358

rend schlechte Leistungen von Managern auch im Vergütungssystem widergespiegelt werden müssen.[104] Zudem ist es notwendig, dass Anreize nur Leistungen belohnen, die im Interesse der Eigentümer sind.[105]

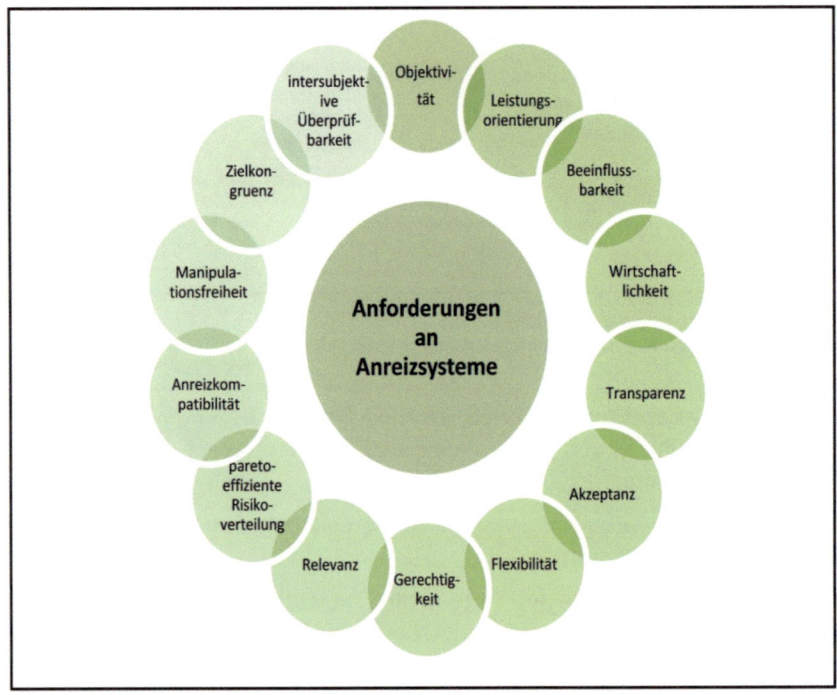

Abbildung 16: Anforderungen an Anreizsysteme
Quelle: eigene Darstellung mit Informationen aus Meyer, 2006, Seite 43 – 46 und Dahlhaus, 2009, Seite 154

Welches der aufgeführten Elemente welche Wichtigkeit erhält, das muss jedes Unternehmen individuell priorisieren. Um zu verdeutlichen, welche Anforderungen das Anreizsystem des eigenen Unternehmens erfüllen soll, ist es hilfreich mit einer Pyramide zu arbeiten. Wie solch eine Pyramide beispielsweise aussehen kann zeigt die Anlage 5.

Aus Sicht der Prinzipal-Agent-Theorie muss die Vergütung des Agenten so ausgestaltet werden, dass der Prinzipal den höchsten Nutzen erzielt. Das Anreizsystem muss die Nutzenfunktion des Agenten (Aufsichtsrat und Vor-

---

[104] vgl. Meyer, 2006, Seite 40–41
[105] vgl. Festl, 2000, Seite 35

stand) mit derjenigen des Prinzipals (Aktionäre) in Übereinstimmung bringen.106

Zudem ist bei der Ausgestaltung des Anreizsystems darauf zu achten, dass der Manager, der das Vermögen der Eigentümer reduziert, mit negativen Konsequenzen rechnen muss. Da damit auch die Wahrscheinlichkeit reduziert wird, dass die Führungskraft gegen die Interessen der Anteilseigner agiert.107 Folgende Dinge veranlassen das Management eine eigentümerorientierte Haltung einzunehmen:

1. „eine vergleichsweise bedeutsame Beteiligung am Eigentum,
2. eine Verknüpfung von Entlohnung mit der Eigentümerrendite,
3. die drohende Übernahme durch eine andere Organisation und
4. lebhafte Konkurrenz auf dem Arbeitsmarkt für Führungskräfte."108

---

[106] vgl. Crone, 2000, Seite 252
[107] vgl. Rappaport, 1999, Seite 3
[108] Rappaport, 1999, Seite 4

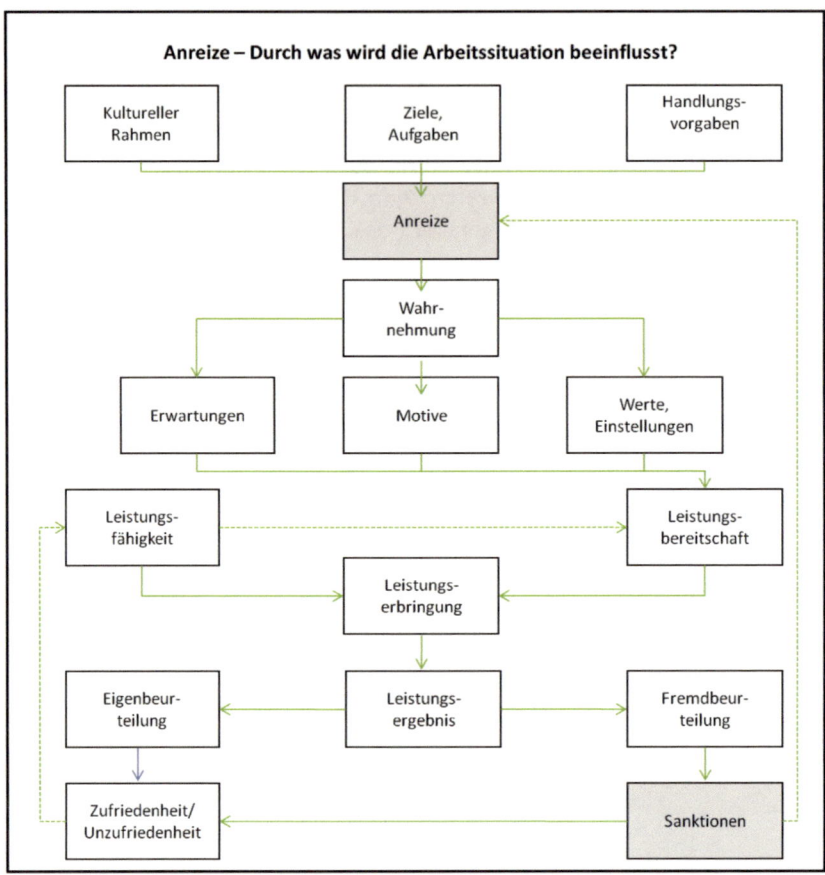

Anreize – Durch was wird die Arbeitssituation beeinflusst?

Kultureller Rahmen · Ziele, Aufgaben · Handlungsvorgaben

Anreize

Wahrnehmung

Erwartungen · Motive · Werte, Einstellungen

Leistungsfähigkeit · Leistungsbereitschaft

Leistungserbringung

Eigenbeurteilung · Leistungsergebnis · Fremdbeurteilung

Zufriedenheit/ Unzufriedenheit · Sanktionen

Abbildung 17: Grundmodell individuellen Leistungsverhaltens
Quelle: Hahn, 2006, Seite 354

Neben der Motivationsfunktion eines Anreizsystems ist auch eine optimale Risikoallokation zwischen den Eigentümern und der Unternehmensleitung erforderlich. Eine   pareto-effiziente Risikoverteilung ist gegeben, wenn keine der Parteien eine Nutzensteigerung erzielen kann, während die andere Partei Nutzeneinbußen hinnehmen muss.[109]

---

[109] „Dabei besteht ein Trade-Off zwischen beiden Zielen. Ist bspw. der Agent risikoavers und der Prinzipal risikoneutral, würde eine pareto-effiziente Risikoteilung vorliegen, wenn der Prinzipal das gesamte Erfolgsrisiko übernimmt, während der Agent eine feste Vergütung erhält. Allerdings würde dann der Agent die geringstmögliche Anstrengung wählen. Um den Agenten zu einem höheren Aktivitätsniveau zu motivieren, muss also ein Teil der Vergütung aus einem erfolgsabhängigen Teil bestehen."

Zentrale Elemente, um das Leistungsverhalten zu beeinflussen, sind Motive[110]. Werden diese aktiviert, dann wird der Manager dazu angeregt, eine bestimmte Leistungsbereitschaft zu entwickeln. Je mehr die Motive aktiviert werden, desto stärker ist die Motivation vorhanden.

Neben der Anreizart ist auch die Anreizstruktur in einem Vergütungssystem festzulegen, sprich die prozentuale Verteilung der variablen und festen Gehaltskomponenten.[111]

Bemessungsgrundlagen

Zur Berechnung der variablen Gehaltskomponenten wird häufig der Jahresüberschuss[112] herangezogen, oftmals als einperiodige Kennzahl. Ökonomische Auswirkungen in der Zukunft werden dabei vernachlässigt.[113] Die Analyseergebnisse bei Verwendung des Cash Flows bzw. des Gewinns als Bemessungsgrundlage für Anreizsysteme zeigt die Anlage 6.

Bei der Wahl der Bemessungsgrundlage ist wichtig, dass diese um äußere Einflüsse[114], die nicht durch die Geschäftsleitung beeinflusst werden können, bereinigt werden. Hierzu ist es sachdienlich, sich bei der Beurteilung der Entwicklung des Unternehmens an Benchmarks zu orientieren. Andernfalls würde es für das Management zu Windfall Losses kommen, wenn ungünstige Rahmenbedingungen die Managementleistung beeinflussen. Dies wirkte sich negativ auf die Motivation aus. Im Falle von günstigen Umweltbedingungen entstünden Windfall Profits.[115]

Lazar, 2007, Seite 13
vgl. Dahlhaus, 2009, Seite 134 f.
[110] Motive = latent vorhandene Beweggründe menschlichen Verhaltens, die sich im Verlangen ausdrücken ein Bedürfnis zu befriedigen. (Hahn, 2006, Seite 353)
[111] vgl. Hahn, 2006, Seite 353 ff.
[112] Er kann auch in modifizierter Form, als EVA oder EBIT, herangezogen werden.
[113] vgl. Meyer, 2006, Seite 97
[114] Dazu zählen bspw.: Branchenentwicklung, Geldpolitik, Fiskalpolitik, außenwirtschaftliche Stabilität, Lohnpolitik, Marktwachstum
[115] vgl. Meyer, 2006, Seite 141 ff.

Abbildung 18: Berücksichtigung der Unternehmenseinflüsse auf die Leistungsbewertung
Quelle: eigene Darstellung

Sowohl bei der Verwendung des Gewinns als auch beim Cash Flow als Bemessungsgrundlage haben die Eigentümer den Nachteil, dass die Eigenkapitalkosten nicht mit in die Berechnung eingehen. Damit eine objektive Performancemessung realisiert wird, können die Eigenkapitalkosten kalkulatorisch angesetzt werden.

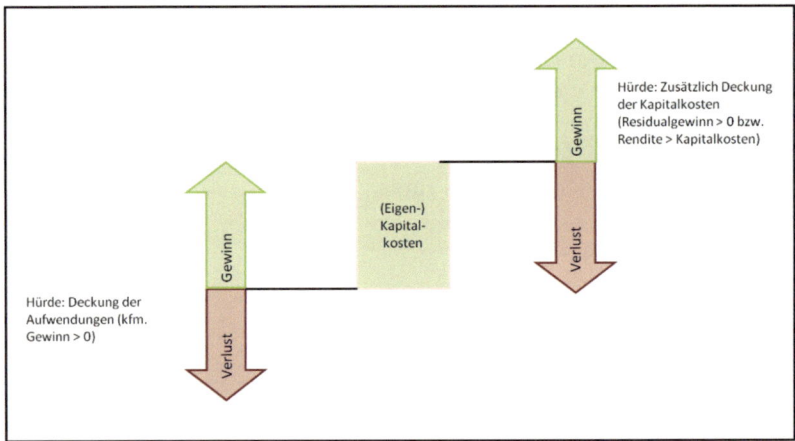

Abbildung 19: Kaufmännischer Gewinn und Residualgewinn
Quelle: Meyer, 2006, Seite 83

Nicht nur der Gewinn einer Periode ist wichtig für den langfristigen Geschäftserfolg eines Unternehmens, sondern auch weitere Faktoren wie die Kundenzufriedenheit, eine bedarfsgerechte Produktentwicklung und Forschung sowie qualifizierte Mitarbeiter. So dass diese Elemente als Bemessungsgrundlagen für die leistungsabhängige Gehaltskomponente der obersten Führungsebene herangezogen werden müssen.

Immaterielle Anreize sind ebenso wichtig. Für Manager ist die Reputation besonders bedeutsam. Diese bestimmt ihre Stellung am Markt. Eine positive Reputation gegenüber den Analysten/ Investoren ist eine Grundvoraussetzung für den Erfolg. Das ständige Bedacht sein auf gute Reputation eines Managers kann sich jedoch auch nachteilig auf eine Gesellschaft auswirken. Denn wenn eine Führungskraft eine erfolgversprechende Investition, aus Angst vor negativer Reputation im Falle eines Scheiterns, unterlässt, dann kann dies der Gesellschaft langfristig schaden.[116] Insbesondere in Europa und Deutschland ist die Denkweise ausgeprägt, dass ein Scheitern/ eine Insolvenz als Versagen ausgelegt wird. In Nordamerika hingegen ist die Einstellung verbreitet, dass der Insolvente bereits Erfahrungen gesammelt hat. Die einmal begangenen Fehler werden zukünftig nicht wiederholt.[117] Es muss ein gesellschaftliches Umdenken stattfinden, sodass Menschen zukünftig eine zweite Chance gegeben und Risiko belohnt wird.[118]

Die „Reputation schafft einen unmittelbaren Bezug zwischen dem Erfolg des Unternehmens und dem individuellen Humankapital der Mitglieder der obersten Führungsebene und leistet so einen entscheidenden Beitrag zur Überwindung der unvermeidlichen Unschärfe der Verhaltenssteuerung durch Verantwortlichkeit und Anreize."[119]

Wie eine Kombination verschiedener Bemessungsgrundlagen aussehen kann, zeigt die folgende Abbildung.

Die genaue Berechnung der Unternehmensreputation ist in Anlage 7 dargestellt. Für den Branchenvergleich der Kundenzufriedenheit kann sich beispielsweise auf die Daten des Kundenmonitors Deutschland gestützt werden.[120]

---

[116] vgl. Holström, 1999, Seite 169-182 und Crone, 2000, 252 ff.

[117] vgl. Piscane, http://www.europolitan.de

[118] Insbesondere die Banken dürfen eine Insolvenz nicht als „K.O.-Kriterium" für Neuengagements ansehen.

[119] Crone, 2000, Seite 272

[120] http://www.servicebarometer.net/kundenmonitor/

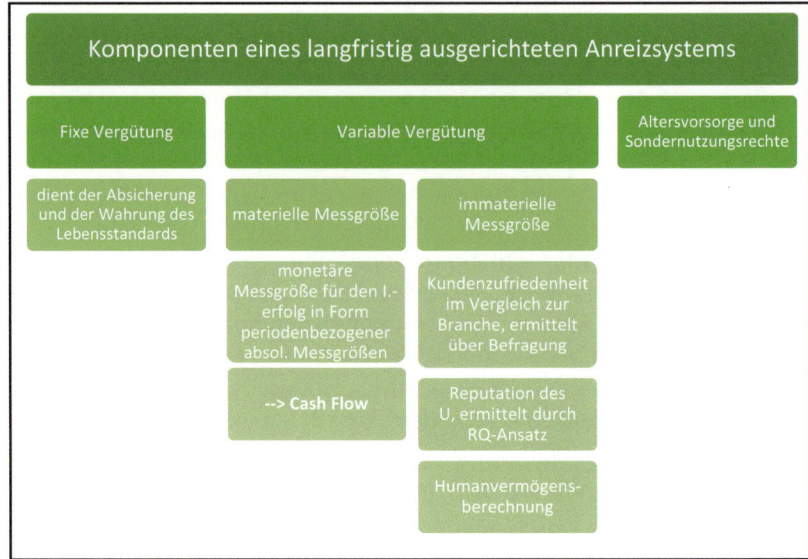

Abbildung 20: Langfristig ausgerichtetes Anreizsystem für die Unternehmensführung
Quelle: eigene Darstellung

Wichtig ist, dass die Führungskräfte durch ihr Handeln in der Lage sind die Bemessungsgrundlagen zu beeinflussen – dies ist bei der dargestellten Variante der Fall.

Gleichzeitig ist wichtig, dass den Unternehmenslenkern nicht alle Risiken abgenommen werden, da sie ansonsten zu risikoreich agieren. Hat ein Entscheidungsträger nicht mit den negativen Konsequenzen des Handelns zu leben, dann geht dieser womöglich höhere Risiken ein, damit der Bonus im Falle eines Erfolges besonders hoch ausfällt. Grund dafür ist, dass im Verlustfall das maximale Risiko für die Führungskraft darin liegt, dass der Bonus gestrichen wird. Wenn jedoch zum Bonus auch ein Malus verwendet wird, dann handelt eine Führungskraft eher im Sinne der Unternehmenseigentümer, da sich deren Risikosituationen annähern.[121] Vier mögliche Malusvarianten, zur Berücksichtigung von Verlustpotenzialen, zeigt die folgende Abbildung.

---

[121] vgl. Sinn, 2010, Seite 166 f.

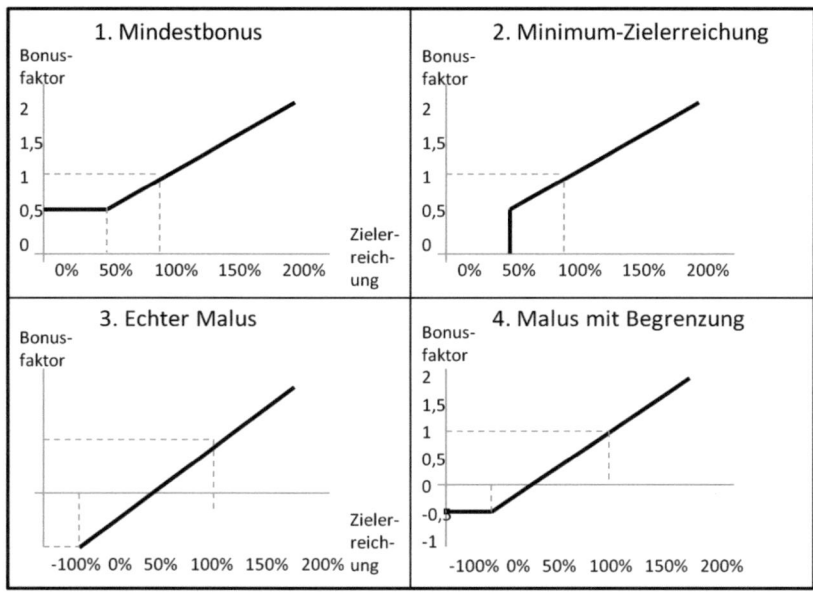

Abbildung 21: Möglichkeiten zur Berücksichtigung eines Verlustpotenzials
Quelle: Schweickart, 2006, Seite 574

Ausschüttungsmodus

Neben der Bemessungsgrundlage und des Anteils des variablen und fixen Gehaltes kann auch der Ausschüttungsmodus entscheidend zu einer Balance zwischen kurzfristiger und langfristigerer Unternehmensführung beitragen.[122] Daher wird im folgenden Abschnitt geklärt, in welchem Zeitraum welcher Teil der leistungsabhängigen Gehaltskomponenten ausgeschüttet werden sollte.

Die prinzipiellen drei Ausschüttungsvarianten werden in der Übersicht dargestellt.

---

[122] vgl. Hahn, 2006, Seite 361 und Schweickart, 2006, Seite 575

Sofortige Ausschüttung	Periodische Ausschüttung	Langfristige Ausschüttung
Ausschüttung unmittelbar nach der Investitionsentscheidung bzw. zu Beginn der Investitionsrealisierung	Agent erhält am Ende jeder Periode eine Zahlung, die nicht nur den Beitrag der jeweiligen Periode zum Investitionserfolg, sondern auch den Gesamterfolg widerspiegelt. Dieser Ausschüttungsmodus der Entlohnung hat den Vorteil, dass der Agent über die gesamte Laufzeit des Projektes Anreize erhält, dieses im Sinne des Prinzipals durchzuführen. Ebenso ist es möglich, Abweichungen zwischen geplantem und realisiertem Investitionserfolg bei der Entlohnung zu berücksichtigen. Als problematisch kann sich dabei jedoch die Ermittlung einer geeigneten Periodisierung des Investitionserfolgs über die gesamte Projektlaufzeit erweisen	Gibt die Möglichkeit, Abweichungen zwischen geplantem und realisiertem Investitionserfolg zu berücksichtigen. Allerdings entfaltet diese Art der Entlohnung nur geringe Anreizwirkungen, eine Investitionsentscheidung i. S. des Prinzipals zu treffen, da sich die Konsequenzen der Handlungen des Agenten nicht unmittelbar in seiner Entlohnung niederschlagen, daher kann er nur schwierig einen Zusammenhang zwischen seinen Entscheidung und der damit verbundenen Entlohnung herstellen
Ausschüttung gewährleistet die größtmögliche zeitliche Nähe von Entscheidung des Agenten und der Entlohnung. Sie hat jedoch den Nachteil, dass während der Investitionsrealisierung und -nutzung auftretende Abweichungen zwischen geplantem und realisiertem Investitionserfolg – die unter Umständen bspw. auch auf mangelnde Planungssorgfalt des Agenten zurückzuführen sind – nicht berücksichtigt werden können. Darüber hinaus erhält der Agent keine Anreize, sich für eine den Investitionszielen entsprechende Realisierung und Nutzung einzusetzen		
Größte Anreizwirkung, es ist jedoch nicht eindeutig erkennbar, ob Investition zu nachhaltigem Erfolg beiträgt		Es besteht Klarheit über Erfolg, dafür ist die Anreizwirkung am geringsten

Tabelle 4: Ausschüttungsvarianten im Überblick
Quelle: eigene Darstellung mit Informationen aus Dahlhaus, 2006, Seite 131 f. und Hahn, 2006, Seite 361 f.

Damit die Führungskräfte zu nachhaltigerem Handeln angeregt werden, wird in der Literatur das Bonusbanksystem vorgestellt. Bei diesem System wird die langfristige Wertschaffung honoriert, indem eine Wertschaffung durch einen Manager nicht zu einer direkten Auszahlung führt. Der Bonus wird teilweise/ vollständig in eine Bonusbank eingestellt und erst nach einer bestimmten Zeit ausgezahlt. Vorteile des Systems:

- **Förderung des langfristigen Denkens** – kurzfristige Ergebnisverbesserungen zu Lasten der langfristigen Performance des Unternehmens werden nicht honoriert,
- **Bonusglättung der Manager** – Manager, die Investitionen mit zeitlich verspäteten Cash Flows anstoßen, werden nicht benachteiligt. Profitable Investitionen, die in der Anfangsphase niedrige Cash Flows erbringen, werden eher durchgeführt,

- **Anreiz zum Verbleib im Unternehmen** wird den Führungskräften gegeben.[123]

Bonusbanken sind „ein Instrument zur Sicherstellung der langfristigen Wertschaffung".[124]

Grundsätzlich gibt es drei verschiedene Varianten der Bonusbank. Die Berechnung der Bonusbankverzinsung und der Auszahlungen der drei Bonusbanksysteme sind in Anlage 8 bis 11 dargestellt.

Da die Bonusbank mit einem rollierenden Mehrjahresziel die größte Langfristigkeit besitzt, wird diese im Folgenden angewandt. In der Variante der Teilauszahlung hat die Führungskraft zusätzlich den Vorteil, dass schlechter laufende Jahre mit Erfolgsspitzen ausgeglichen werden und sich der Bonus so auf einer Höhe glättet.

Teilauszahlung mit zusätzlichem Bonusfaktor auf Restbetrag				
Periode	01	02	03	Kumuliert
Zielbonus	60	60	60	180
Zielerreichung	100 %	50 %	200 %	117 %
Kurzfr. Bonus	60	30	120	
• Auszahlung	20	10	40	
• Bonusbank	40	20	80	140
Langfr. Bonus				
• Kum. Bonus				140
• Bonusfaktor				1,17
Auszahlung	20	10	40	164
• Festlegung Mehrjahresziel und daraus abgeleitete Einjahresziele				
• Jährliche Performance führt zu Bonusfaktor und teilweiser Auszahlung				
• Überprüfung Mehrjahresziel führt zu weiterem Bonusfaktor, der auf kumulierten Bonusbanksaldo angewendet wird				

Tabelle 5: Rollierendes Mehrjahressystem mit Teilauszahlungen, Quelle: Schweickart, 2006, Seite 578

Wie bereits im vorherigen Abschnitt dargestellt, setzt sich der Bonus aus materiellen und immateriellen Bemessungsgrößen zusammen. Diese werden in der Zielerreichung zusammengefasst.

Insbesondere bei dem Cash Flow als Bemessungsgrundlage für die variable Vergütung gibt es die Kritik, dass auf Grund der vergangenheitsorientierten Sichtweise eher rückwärtsgewandt agiert wird. Ziel für das Unternehmen

---

[123] vgl. Schweickart, 2006, Seite 562 f.
[124] Schweickart, 2006, Seite 563

muss es jedoch sein, dass die Unternehmensführung langfristig plant und investiert. Bei einer Verknüpfung des Cash Flows mit einer langfristigen Ausschüttung der variablen Vergütung kann dieser Nachteil umgangen werden.

Damit den Führungskräften keine Nachteile aus der verspäteten Auszahlung der Boni entstehen, werden diese der Inflation angepasst.

Im Folgenden wird für die „XYZ-AG" beispielhaft die variable Vergütung des Vorstands ermittelt.[125]

Die folgenden Werte sind auf einen einheitlichen Vergleichsindex von 100 gerechnet. Aus Vereinfachungsgründen wird auf die Inflationsanpassungen verzichtet.

Investitionserfolg/ Cash Flow

Jahr	Cash Flow	Veränderung ggü. Vorjahr absolut	Veränderung ggü. Vorjahr prozentual	Cash-Flow-Veränderung Branchendurchschnitt prozentual	Vergleich AG – Branche (prozentual)
2011	100	0	0	0	0
2012	105	5	5	7	-2
2013	113	8	7,6	6	1,6
2014	108	-5	-4,4	-2	-2,2
2015	118	10	9,3	12	-2,7

Tabelle 6: Cash-Flow-Entwicklung der XYZ-AG
Quelle: eigene Darstellung

Kundenzufriedenheit

Jahr	Kd.-Zufriedenheit XYZ-AG	Kd.-Zufriedenheit Branche	Vergleich AG – Branche
2011	100	95	5
2012	103	98	5
2013	99	101	-2
2014	98	100	-2
2015	101	99	2

Tabelle 7: Kundenzufriedenheit der XYZ-AG
Quelle: eigene Darstellung

---

[125] Dies ist ein frei erfundenes Beispiel.

Reputation

Jahr	Reputation XYZ-AG	Reputation Branche	Vergleich AG - Branche
2011	100	102	-2
2012	101	101	0
2013	103	101	2
2014	104	103	1
2015	101	104	-3

Tabelle 8: Reputation der XYZ-AG
Quelle: eigene Darstellung

Humanvermögen (siehe Kapital 4.3)

Jahr	MA-Zufriedenheit XYZ-AG	MA-Zufriedenheit Branche	Vergleich AG - Branche
2011	90	98	-8
2012	89	95	-6
2013	91	97	-6
2014	94	100	-6
2015	92	101	-9

Tabelle 9: Humanvermögensrechnung der XYZ-AG
Quelle: eigene Darstellung

Jahresüberschuss

Jahr	Jahresüberschuss	Veränderung ggü. Vorjahr	Plansteigerungsrate
2011	102	+2	103
2012	112	+10	106
2013	109	-3	109
2014	119	+10	113
2015	115	-4	116

Tabelle 10: Jahresüberschüsse der XYZ-AG
Quelle: eigene Darstellung
Jahr 2010 = Index von 100

Zielerreichung

Für die XYZ-AG wird angenommen, dass die Ziele des Vorstands zu 100 Prozent erreicht werden, wenn bei der jeweiligen Kennzahl der Branchendurchschnitt erzielt wird. Ein Überschreiten oder Unterschreiten wird bis zu 30

Prozent mit einem Bonus/ Malus verrechnet. Beim Cash Flow werden die Steigerungsraten ebenso mit dem Branchendurchschnitt verglichen.

	2011	2012	2013	2014	2015
Cash Flow	1	0,9	1,08	0,89	0,87
Kundenzufriedenheit	1,25	1,25	0,9	0,9	1,1
Reputation	0,9	1	1,1	1,05	0,85
Humanvermögen	0,6	0,7	0,7	0,7	0,55
Durchschnitt[126]	0,9375	0,9625	0,945	0,885	0,8425

Tabelle 11: Berechnung der jährlichen Zielerreichung
Quelle: eigene Darstellung

Die Berechnung der jährlichen Zielerreichung ergibt sich, indem der jeweilige Vergleichswert der XYZ-AG zur Branche mit fünf multipliziert wird.

Beispiel Reputation 2013:
Vergleich XYZ-AG/ Branche:
+2 x 5 (Multiplikator) = 10 + 100 (Index) / 100 = 1,1 (110%)

Für den kurzfristigen Bonus wird der Multiplikator nicht angewendet. Auf Basis des Jahresüberschusses kann beispielsweise der kurzfristige Bonus errechnet werden. Diese Kennzahl sollte einen Erfolgswert angeben, der kurzfristig, also in einem Zeithorizont von maximal zwei Jahren, wirkt. Je nach Relevanz können Unternehmen die Bemessungsgrundlage auf die speziellen Bedürfnisse anpassen. Im Falle der XYZ-AG wird für die 100-prozentige Zielerreichung eine jährliche Steigerung der Jahresüberschüsse von drei Prozent erwartet. 30 Prozent der Boni werden für den kurzfristigen Bereich gezahlt, 70 Prozent der Bonifikationen werden an Hand von langfristigeren Indikatoren vergütet.

Die Bonusbankauszahlung ergibt sich aus der kumulierten Bonusbank, welche mit dem Bonusbankfaktor multipliziert wird. Anschließend wird der Wert durch acht dividiert, da die Bonusbankauszahlung auf acht Jahre gestreckt wird. In den ersten und letzten Jahren wird die Vergütung anteilig ausgezahlt.

---

[126] Der ermittelte Durchschnittswert wird für die Berechnung der langfristigen Zielerreichung weiterverwendet.

	2011[127]	2012	2013	2014	2015
Zielbonus bei 100 Prozent	300,00	300,00	300,00	300,00	300,00
Zielerreichung langfristige Ziele	0,94	0,96	0,95	0,89	0,84
Zielerreichung kurzfristige Ziele[128]	0,99	1,06	1,00	1,05	0,99
Kurzfristiger Bonus (30 % = 90)	89,00	95,00	90,00	95,00	89,00
Auszahlung (35%)	31,20	33,30	31,50	33,30	31,20
Bonusbank (65%)	57,80	61,70	58,50	61,70	57,80
Langfristiger Bonus (70% = 210)	196,88	202,13	198,45	185,85	176,93
Auszahlung (35%)	68,91	70,74	69,46	65,05	61,92
Bonusbank (65%)	127,97	131,38	128,99	120,80	115,00
Bonusbank (langfr.+kurzfr.)	185,77	193,08	187,49	182,50	172,80
Bonusbank 2011	23,22	23,22	23,22	23,22	23,22
Bonusbank 2012		24,14	24,14	24,14	24,14
Bonusbank 2013			23,44	23,44	23,44
Bonusbank 2014				22,81	22,81
Bonusbank 2015					21,60
Kumulierte Bonusbank abzüglich Bonusbankauszahlung	162,55	308,27	424,97	513,87	571,46
Bonusbankauszahlung	23,22	47,36	70,79	93,61	115,21
Auszahlung kurzfr. Bonus	31,20	33,30	31,50	33,30	31,20

Tabelle 12: Berechnung der Bonushöhe
Quelle: eigene Darstellung

aktive Zeit im Unternehmen									nach dem Austritt							
Jahr	1	2	3	4	5	6	7	8	9	10	11	12	13	14	15	16	17
Bonusbankauszahlung	1/8	2/8	3/8	4/8	5/8	6/8	7/8	1	1	7/8	6/8	5/8	4/8	3/8	2/8	1/8	0

Abbildung 22: Anteil Bonusbankauszahlungen je Beschäftigungsjahr bei einer 9-jährigen Unternehmenszugehörigkeit
Quelle: eigene Darstellung

4.2 Staatliche Vorgaben und Kontrollen

Wettbewerb kann nur dort stattfinden, wo der Staat die „Spielregeln" vorgibt und deren Einhaltung überprüft. Unternehmen müssen sich selbst steuern können, eine vollkommene Selbstregulierung ist jedoch nicht möglich.[129]

---

[127] 2011 ist Beschäftigungsjahr eins.
[128] Errechnet durch: Jahresüberschuss des Jahres/Plansteigerungsrate

Die größte Schwierigkeit bei staatlichen Eingriffen ergibt sich durch die Globalisierung. Wenn nur ein Staat fiskalpolitische oder ordnungspolitische Maßnahmen ergreift, führt dies oftmals zu einem Standortnachteil. Unternehmen verlassen diese Region. Daher sollten Änderungen möglichst global vorgenommen werden. Doch ein internationaler Konsens ist schwierig zu finden. Folgende Punkte sollten möglichst auf internationaler/ europäischer Ebene eingeführt werden:

Eine Börsenumsatzsteuer (Tobin-Tax) kann zur Vermeidung von schnellen Transaktionen zwischen verschiedenen kurzfristigen Spekulationsobjekten führen. Nach der Finanzkrise und der europäischen Schuldenkrise im Jahr 2011 wird diese Steuer immer wieder in der Presse diskutiert.[130]

Auch verschärfte Anforderungen an die Aufsichtsorgane sollten möglichst europaeinheitlich, harmonisiert durchgeführt werden. Zudem sollte es zu einer Stärkung der Verantwortung des Aufsichtsrates kommen.

Zu den Kontrollorganen zählen auch die Ratingagenturen. Wie im Sommerinterview 2011 des Bundespräsidenten gefordert, muss es einen Einklang zwischen der Bedeutung der Agenturen und deren Haftung geben. Die Strukturen der Ratingagenturen müssen sich ändern und Sanktionsmechanismen gegenüber Fehlverhalten eingeführt werden.[131]

Diese Arbeit verfolgt die Idee, dass der Staat die langfristige und nachhaltige Ausrichtung von Unternehmen dadurch steuern kann, dass die Einkünfte aus Kapitalvermögen, also die Kursgewinne und Dividendenausschüttungen, variabel versteuert werden. In der Vergangenheit hat der Gesetzgeber den Aktionären einen Anreiz für langfristige Investments gegeben, indem Kursgewinne von Aktien, die eine Mindesthaltedauer von einem Jahr aufwiesen, steuerfrei vereinnahmt wurden. Bei Dividenden galt das Halbeinkünfteverfahren. Mit Einführung der Abgeltungssteuer werden nach der aktuellen Gesetzesgrundlage pauschal 25 Prozent des Gewinns an den Staat abgeführt.[132] Damit der Staat Anreize für eine langfristige Ausrichtung des Unternehmens gibt, könnte an Stelle der Abgeltungssteuer eine „Nachhaltigkeitssteuer" eingeführt werden. Die Gewinnausschüttungen an die Anteilseigner würden variabel versteuert. Die variablen Parameter könnten sich, ähnlich wie bei dem risikoadjustierten Pricing im Kreditgeschäft, durch ein Nachhaltigkeitsrating ergeben. Dieses müsste eine unternehmensunabhängige Stelle ermitteln. Eine mögliche Vergleichsbasis bietet der Sustainable Value Ansatz. Auf diesen wird in Kapital 5 näher eingegangen. Die besten Unternehmen einer

---

[129] vgl. Baumgartner, 2007, Seite 24 f. Sinn, 2010, Seite 221
[130] vgl. Schneider, http://www.boerse.ard.de
[131] vgl. Schausten, http://www.bundespraesident.de
[132] Hinzu kommen der Solidaritätszuschlag und ggf. Kirchensteuer.

Branche würden keine Steuerabzüge bei den Gewinnausschüttungen/Kursgewinnen hinnehmen müssen. Kurzfristig agierende Unternehmen müssten hingegen den Anteilseignern eine höhere Steuerlast auferlegen. Somit würde der Staat den Aktionären einen Anreiz bieten auch langfristige Unternehmensziele, die primär keinen positiven Einfluss auf die momentane Ergebnissituation des Unternehmens haben, zu forcieren. Über solch eine Lösung würde sich Nachhaltigkeit bereits heute für Investoren finanziell positiv auswirken.

Insbesondere beim Ressourcenverbrauch sollte der Staat über Vorgaben und Steueranreize eine Langfristigkeit anstreben, so dass in den Wettbewerb noch stärker der Aspekt der Ressourcen mit einfließt. Denn langfristig gesehen werden Ressourcen wie Wasser, Luft und viele andere Rohstoffe knapper. Daher müssen Unternehmen in ihre Preiskalkulation diese Aspekte stärker mit einbeziehen. Es könnte erreicht werden, dass sich die Gesellschaft, die Ökonomie und die Ökologie im Einklang bewegen. Und somit langfristige Stabilität geschaffen werden kann. Aber diese Steuer ist praktisch nicht allein auf nationaler Ebene durchsetzbar, sondern müsste auch auf internationaler Ebene eingeführt werden. Eine tiefere Betrachtung soll an dieser Stelle nicht erfolgen, da die Überlegungen zu volkswirtschaftlich würden.

4.3 Mitarbeiter langfristig binden und motivieren

Damit ein Unternehmen langfristig erfolgreich sein kann, muss es die wichtigsten Stakeholdergruppen identifizieren und anschließend die dazugehörigen Ziele definieren. Dies kann beispielsweise über die 4-Felder-Matrix erfolgen.

Handelt ein Unternehmen lediglich nach den Zielen der Anteilseigner, dann ergibt sich das Problem, dass diese recht kurzfristig orientiert sind, wie auch das Kapital 3.2.1 gezeigt hat. Nur auf die stark divergierenden und teilweise konkurrierenden Ziele der verschiedenen Stakeholder einzugehen macht ebenso wenig Sinn. Daher muss es einen Ausgleich zwischen den beiden Gruppen geben. I. d. R. sind die wichtigsten Interessengruppen in einem Unternehmen neben den Eigentümern die Kunden, Mitarbeiter, Banken und Lieferanten. Wenn die Erwartungen der Anteilseigner und der wichtigsten sowie einflussreichsten Stakeholder langfristig zufriedengestellt werden, dann kann das Unternehmen langfristig erfolgreich sein.

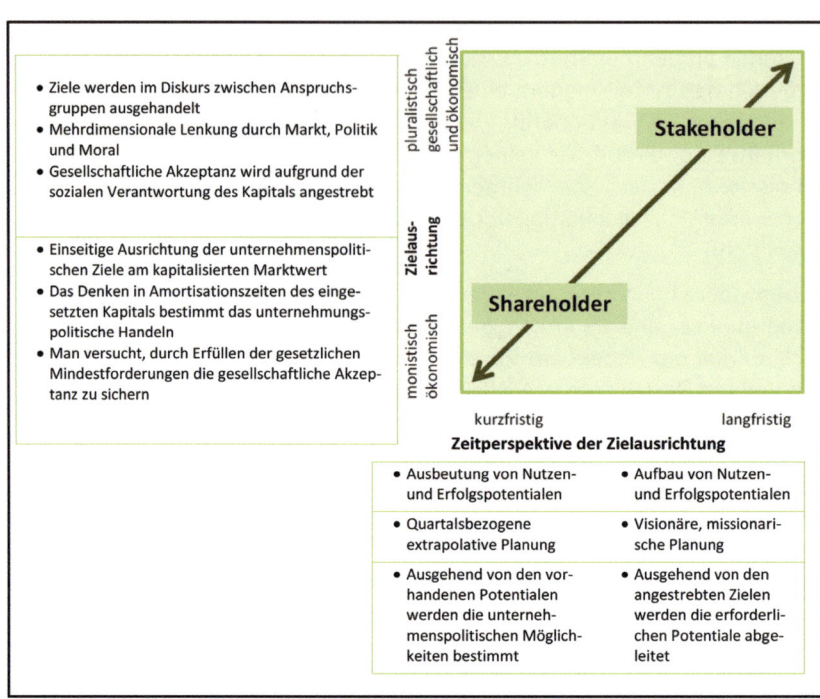

Abbildung 23: Zielausrichtung der Unternehmenspolitik auf Anspruchsgruppen
Quelle: Bleicher, 1995, Seite 106

Bereits Watson sagte: „Ein Unternehmen kann nur so gut sein wie seine Mitarbeitenden. Sie sind folglich das wertvollste Kapital."[133] Nicht nur der durchschnittliche Jahresgewinn der mit einem Kunden zu erzielen ist steigt über die Jahre, sondern auch eine dauerhafte Mitarbeiterbindung macht sich langfristig bezahlt. Das US-Magazine fand heraus, dass 61 Prozent der belegschaftsfreundlichen Unternehmen um 50 Prozent ertragsstärker sind als der Durchschnitt der Vergleichsunternehmen. Die Boston Consulting Group wies durch eine Befragung nach, dass es einen signifikanten Zusammenhang zwischen der Leistungspotenzialförderung der Mitarbeiter und dem Aktienkurs gibt.[134]

Unternehmen werden durch die demografischen Veränderungen in Zukunft gezwungen sein mehr in ihre Mitarbeiter zu investieren.[135] Wenn Unternehmen bereits heute beginnen ihre Schlüsselmitarbeiter durch Maßnahmen

---

[133] T. J. Watson zitiert in Kobi, 2008, Seite 37
[134] vgl. Kobi, 2008, Seite 36–41
[135] vgl. Bundesministerium für Bildung und Forschung, 2010, Seite 3 ff.

wie Weiterbildungen, familienfreundliche Arbeitszeiten, kompetente Führungskräfte und positive Zukunftsperspektiven an das Unternehmen zu binden, dann können sie im Vergleich zu den Mitbewerbern einen Vorteil generieren und somit wettbewerbsfähiger sein.

Auf der einen Seite müssen Unternehmen „High Potentials" mit einer guten Ausbildung, einer hohen intrinsischen Motivation und einem ausgeprägten Leistungsanspruch an das Unternehmen binden. Auf der anderen Seite ist es jedoch genauso wichtig gute Fachkräfte mit fundiertem Wissen weiterzuentwickeln.

Unternehmen müssen sich zudem auf veränderte Ansprüche der Arbeitnehmer einstellen. Die „Digital Native-Generation" möchte eine Arbeit ausführen die Spaß macht. Gleichzeitig ist Selbstverwirklichung, eine zunehmende familiäre Orientierung und ein gestiegenes Gesundheitsbewusstsein zu verzeichnen.[136] Auf diese Veränderung müssen sich auch die Führungskräfte einstellen.

Bereits in Abschnitt 3.2.4 wurde gezeigt, dass sich der psychologische Arbeitsvertrag während der letzten Jahre stark veränderte. Sowohl auf Arbeitnehmer- als auch auf Arbeitgeberseite ist ein Umdenkprozess notwendig. So wäre es beispielsweise denkbar fairer miteinander umzugehen, insbesondere auch in Krisenzeiten. Dies könnte umgesetzt werden, indem Unternehmen ihren Mitarbeitern eine langfristige Beschäftigungsperspektive bieten und sie, wie oben beschrieben, fördern. Mitarbeiter erzielen dadurch eine Planungssicherheit und sind zudem bereit sich stärker für das Unternehmen einzusetzen. Die Betonung liegt hierbei auf der Beschäftigungs- nicht auf der Arbeitsplatzgarantie. D. h. die Mitarbeiter erhalten auf der einen Seite die Möglichkeit langfristig in einem Unternehmen tätig zu sein, dafür wird durch den Arbeitgeber jedoch erwartet, dass die Mitarbeiter während des Arbeitslebens in neuen Positionen und geänderten Anforderungsprofilen arbeiten wollen. Wichtig ist zum einen, dass diese Verfahrensweise an die Mitarbeiter offen kommuniziert wird und zum anderen, dass die Vereinbarung in der Realität auch Anwendung findet.[137]

---

[136] vgl. Shell Jugendstudie 2010, siehe http://www.shell.de
[137] vgl. in abgewandelter Form aus Kobi, 2008, Seite 52 ff.

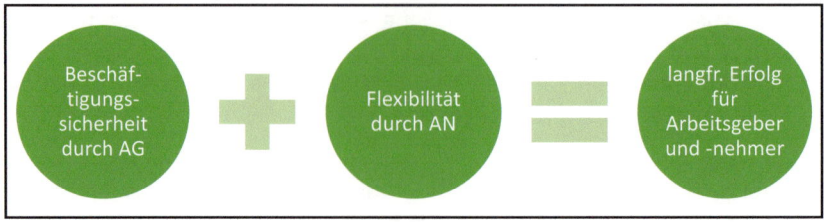

Abbildung 24: Psychologischer Arbeitsvertrag - langfr. Erfolg für Arbeitgeber und Arbeitnehmer
Quelle: eigene Darstellung mit Informationen aus Kobi, 2008, Seite 52 ff.

Neben dem (psychologischen) Arbeitsvertrag ist es auch wichtig, dass Werte im Unternehmen aktiv gelebt werden. Insbesondere die Führungskräfte müssen diese vorleben.

Auf diese Weise kann sich eine gute Unternehmenskultur entwickeln. Durch die gelebten Werte wird erreicht, dass die Mitarbeiter langfristig motiviert sind. In einer Studie konnte sogar nachgewiesen werden, dass der Erfolg eines Unternehmens zu 25 Prozent von der gelebten Wertekultur abhängt.[138]

Positiv wirkende Einflussfaktoren	Negativ wirkende Einflussfaktoren
Klar formulierte Vision leben	Zuviel Verantwortung des Einzelnen
Selbstverwirklichung: Voll in Arbeit aufgehen	Routinierte Arbeitsabläufe
Selbstachtung: Persönliche Grenzen akzeptieren	Feste Hierarchie & Strukturen
Bodenständigkeit/Tradition	Harmonie: Keine Streitkultur
Engagement: Eigeninitiative / eigene Vorschläge	Kontrolle: Laufend kontrollieren und bewerten
Fortschritt: Zukunftsorientierung für Entscheidungen/ Handlungen	
Guter Lebensstandard für Mitarbeiter	
Chancengleichheit für Frauen und Männer	

Tabelle 13: Positiv und negativ wirkende Einflussfaktoren
Quelle: eigene Darstellung nach Informationen von Schönborn, 2010, Seite 234-242

Es ist stets schwierig das Humanvermögen eines Unternehmens messbar zu machen. Ein möglicher Ansatz, der die Personalrisiken, das Kompetenzniveau und einen Commitmentindex als Berechnungsgrundlagen annimmt, zeigt die folgende Abbildung.

---

[138] vgl. Schönborn, 2010, Seite 234–242

		Gewicht	Erfüllungs-grad			
Personalrisiken Anpassung Engpass × Austritt Motivation	10 Messgrößen • Kennzahlen • Standards • Index aus MA-Befragung	40 %	80	32		
Kompetenzniveau	Beurteilung 12 Kernkompetenzen	30 %	60	18	71	
Commitmentindex Fragen zu Identifikation, Leistungsbereitschaft		30 %	70	21		

Abbildung 25: Beispiel einer Humanvermögensrechnung
Quelle: Kobi, 2008, Seite 158

4.4 Aufsichtsrat

Der Aufsichtsrat spielt eine entscheidende Rolle bei der Durchsetzung von Veränderungen im Unternehmen. Daher muss auch er in die Gestaltung einer langfristen Unternehmensführung einbezogen werden.

Ein elementarer Aspekt ist, dass die Aufsichtsräte auch tatsächlich nahezu alle Aufsichtsratssitzungen besuchen. Um hierfür einen Anreiz zu geben, muss sich das Gehalt u. a. an der Teilnahme der Sitzungen bemessen. Nicht nur das Sitzungsgeld sollte sich je nach Teilnahme staffeln, sondern auch das Fixgehalt sollte sich in einem gewissen Rahmen reduzieren lassen, wenn ein Aufsichtsratsmitglied die Termine nicht wahrnimmt.

In vielen Unternehmen setzt sich das Gehalt der Aufsichtsratsmitglieder aus fixen und variablen Komponenten zusammen. Damit der Aufsichtsrat einen Anreiz für eine langfristige Ausrichtung des Unternehmens, über die Zeit des aktiven Aufsichtsratsmandats hinaus, bekommt, muss auch die Gehaltszusammensetzung des Aufsichtsrats langfristig ausgerichtet sein. Eine Orientierung für eine langfristige Anreizausgestaltung kann die Vorstandsvergütungsvariante des Kapitels 4.1 geben.

Neben der Vergütung müssen aber auch die Kontroll- und Überwachungselemente des Aufsichtsrats klar definiert werden.

Folgende Änderungen sollten bei den Aufsichtsratsregelungen vorgenommen werden:

- Striktes Verbot vom Vorstand direkt in den Aufsichtsrat zu wechseln, auch nicht auf Beschluss der Aktionäre,
- Ein Normierungsausschuss sollte einen geeigneten Kandidaten für ein Aufsichtsratsmandat ermitteln. Theoretisch hat der Vorstand kein Wahlrecht. In der gelebten Praxis schlägt der Vorstand jedoch einen Kandidaten auf der Hauptversammlung vor, der i. d. R. akzeptiert wird. Das Aktionäre einen Kandidaten vorschlagen können hat praktisch keine Bedeutung,[139]
- Anwesenheitspflicht bei z. B. Aufsichtsratssitzungen oder wichtigen Ausschüssen,
- Nachweis der geleisteten Arbeitsstunden ihm Rahmen des Aufsichtsratsmandats,
- Verbot des Innehabens mehrerer Aufsichtsratsmandate.

---

[139] geregelt in §127 AktG

5. Messung und Bewertung von Langfristigkeit

Um eine genaue Einschätzung abgeben zu können, wie langfristig ein Unternehmen aufgestellt ist, muss zuvor festgelegt werden, an Hand welcher Parameter die Langfristigkeit gemessen werden kann.

Da immaterielle Vermögenswerte nachhaltig und stabilisierend wirken[140], sollten diese in die Messung mit einfließen.

Aktuell ist es der Fall, dass in Geschäftsberichten auf die immateriellen Vermögenswerte eingegangen wird, es dabei jedoch zu keiner Quantifizierung kommt.

Abbildung 26: Immaterielles Vermögen und intellektuelles Kapital bleiben in der Bilanz weitgehend verborgen
Quelle: Horvath, 2004, Seite 191

Dies sollte sich ändern. Die Messung und Bewertung der langfristigen Ausrichtung eines Unternehmens sollte sich an der Anreizausgestaltung des Managements orientieren – bzw. die Anreizausgestaltung an Hand von langfristigen Bemessungsgrundlagen erfolgen. Um sowohl die rein finanzielle Perspektive als auch das intellektuelle Kapital in die Betrachtung mit aufzunehmen, kann die Bewertung nach folgendem Schaubild vorgenommen werden.

---

[140] vgl. Ludwikowski, 2010, Seite 65

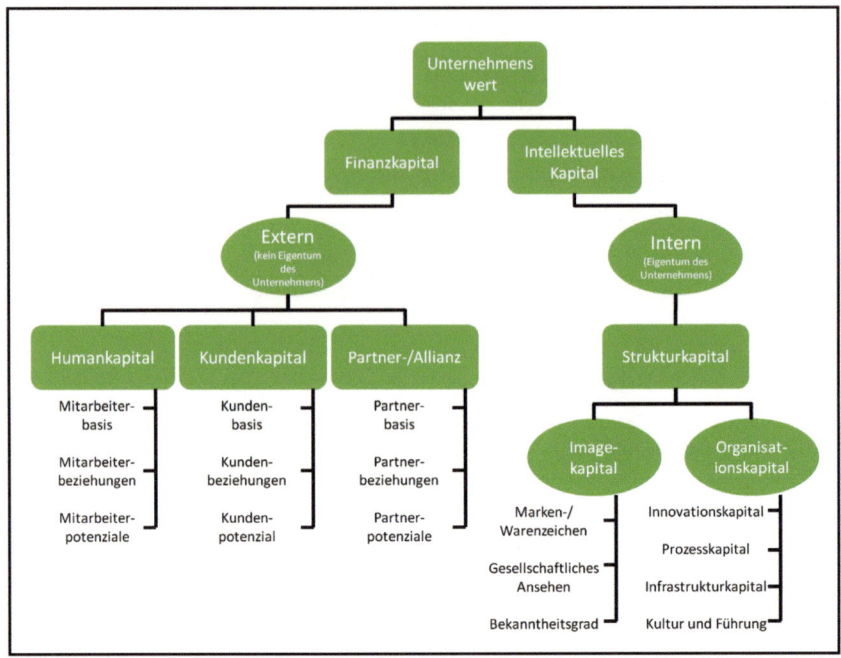

Abbildung 27: Differenzierung des intellektuellen Kapitals
Quelle: Horvath, 2004, Seite 190

Für eine bessere Vergleichbarkeit zwischen Unternehmen ist es sinnvoll, die Ermittlung standardisiert für alle Unternehmen durchzuführen, z. B. mittels eines Index[141]. Bereits heute gibt es verschiedene Berechnungs- und Bewertungsmöglichkeiten, die jedoch in der Öffentlichkeit weitgehend unbeachtet bleiben.

Ein Vergleichsparameter ist der Sustainable Value Ansatz. Dieser misst die Nachhaltigkeit, indem ökologische und soziale Ressourcen (mit Hilfe der Opportunitätskosten) sowie das ökonomische Kapital bewertet werden. Bei dem Ansatz wird der Ressourcenverbrauch entweder mit der Branche oder der gesamten Volkswirtschaft verglichen.

---

[141] Beispiele für Nachhaltigkeitsindezes sind: Global Challenges Index (GCX), DAXglobal Sarasin Sustainability Index, SIRi Netzwerkpartner Sustainalytics, Good Company Ranking, Analyse des Arbeitskreises für Umweltbewusstes Management. An dieser Aufstellung wird deutlich, dass es eine Vielzahl von Indizes gibt, die sehr unterschiedliche Bewertungskriterien aufweisen.

Nachfolgend sind die Bewertungskriterien aufgeführt:

- Kapitaleinsatz
- Kohlendioxidemissionen
- Stickstoffoxidemissionen
- Schwefeloxidemissionen
- Staub Emissionen
- Emissionen von flüchtigen organischen Verbindungen
- Wasserverbrauch
- Abfallanfall
- Arbeitsplätze
- Meldepflichtige Arbeitsunfälle[142]

In den folgenden Schritten wird der Sustainable Value ermittelt:

1. „Welche Ressourcenmenge setzt das Unternehmen ein?"
2. „Welchen Ertrag erzielt das Unternehmen mit diesen Ressourcen?"
3. „Welchen Ertrag hat die Benchmark mit diesen Ressourcen erzielt?"
4. „Welchen Wertbeitrag schafft jede einzelne vom Unternehmen eingesetzte Ressource?"
5. „Wie viel Sustainable Value schafft das Unternehmen mit seinem Set an Ressourcen?"[143]

Der ermittelte Wert gibt an, um wieviel der Ertrag eines Unternehmens über den Opportunitätskosten liegt. Mit dem absoluten Wert kann analysiert werden, ob der absolute Ertrag eines Unternehmens über oder unter dem Branchenwert liegt. Einen relativen Vergleich stellt das Ertrags-Kosten-Verhältnis (EKV) auf. Zur Berechnung des Wertes wird der Ertrag ins Verhältnis zu den Opportunitätskosten gesetzt. Ein Ergebnis unter eins gibt an, dass das Unternehmen seine Ressourcen weniger effizient als die Benchmark nutzt. Bei einem Wert über eins verwendet das Unternehmen seine Ressourcen effizienter als die Referenzgruppe. [144] Wie das Bewertungsergebnis für 28 große deutsche Unternehmen ausfällt zeigt die Anlage 12.

Bei der Beurteilung der Langfristigkeit eines Unternehmens muss auch stets darauf geachtet werden, dass die finanziellen und operativen Risiken des Unternehmens analysiert werden. Zur Berechnung eignet sich der WACC. Eine ausschließliche Betrachtung von Erfolgskennzahlen, wie der Eigenkapi-

---

[142] Hahn, 2007, Seite 16–20
[143] Hahn, 2007, Seite 16–20
[144] unbekannter Autor, http://www.nachhaltigkeit.info und Hahn, 2007, Seite 22 ff.

talrentabilität oder Cash Flow-Kennzahlen, darf aus Risikomanagementgesichtspunkten nicht erfolgen.

Um den Unternehmen einen Anreiz für nachhaltigeres Handeln zu geben, sollte eine Nachhaltigkeitsberichterstattung gesetzlich verpflichtend festgelegt werden. Damit der breiten Öffentlichkeit das Verständnis für diese Berichte erleichtert wird, sollten diese, ähnlich den Bilanzierungsanforderungen, standardisiert werden. Für die Unternehmen ergäbe sich der Vorteil, dass sie bei gutem Abschneiden im Vergleich zu Mitbewerbern einen Vorteil für ihr Image erzielen.

6   Chancen und Risiken einer langfristigen Unternehmensausrichtung

In einer von der Union Investment durchgeführten Studie konnte nachgewiesen werden, dass sich eine gute Unternehmensführung auch auf die Aktienperformance positiv auswirkt. Unternehmen, die der Spitzengruppe bei der Bewertung der Unternehmensführungsqualität angehörten, schlugen die durchschnittliche DAX-Performance deutlich.[145]

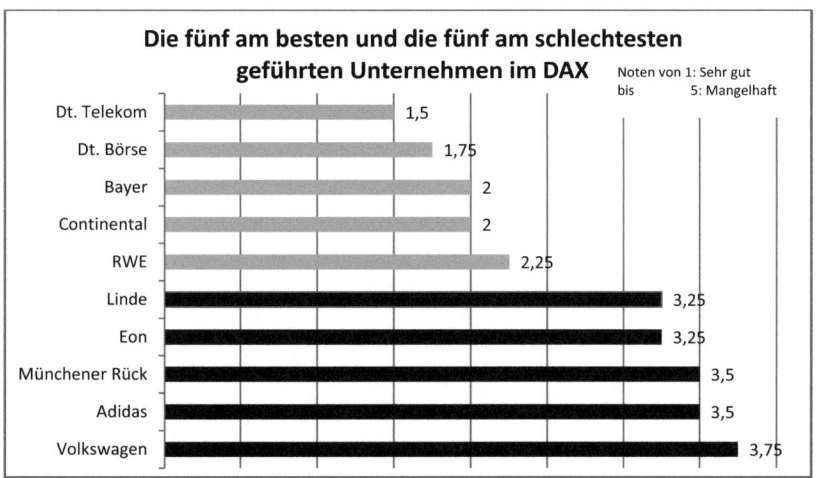

Abbildung 28: Qualität der Unternehmensführung
Quelle: http://www.faz.net

Auch wenn es keine eindeutigen Studien gibt, die eine positive Korrelation zwischen der finanziellen Performance und der Verantwortungsübernahme in der Gesellschaft nachweisen, sollten Unternehmen trotzdem ihre Aufgaben in der Gesellschaft wahrnehmen. Nicht direkt messbare Vorteile durch gesellschaftliches Engagement lassen sich für das Image, das Vertrauen, die Glaubwürdigkeit, die Integrität und das Sozialkapital des Unternehmens erzielen.[146]

Die Gesellschaftsverantwortung eines Unternehmens, auch Corporate Social Responsibility (CSR) genannt, wird dadurch umgesetzt, dass die sozialen Wirkungen unternehmerischen Handelns in die Betrachtungen mit einfließen. Dabei ist die faire Behandlung von Mitarbeitern ein wesentliches Ele-

---

[145] Bewertungskriterien zur Beurteilung der Corporate Governance waren: die Aktionärsrechte; die Regelungen für Vorstand und Aufsichtsrat sowie die Transparenz des Unternehmens. vgl. http://www.faz.net
[146] vgl. Baumgartner, 2007, Seite 68 f.

ment. Der Gewinn eines Unternehmens steigt paradoxer Weise mit dem Stellenwert des Humankapitals im Unternehmen.[147] Trotzdem steigt der Aktienkurs eines Unternehmens i. d. R., wenn eine Gesellschaft ankündigt Mitarbeiter abzubauen.

Umwelt- und Sozialbewusstsein sind auch Elemente der CSR. Diese Engagements können sich ebenso für Unternehmen finanziell positiv auswirken. Beispielsweise konnte McDonald's durch veränderte Verpackungen den Abfall um 30 Prozent senken. DuPont sparte seit dem Jahr 1990 zwei Milliarden Dollar durch einen reduzierten Energiebedarf. Dies sind nur einige Beispiele die verdeutlichen, dass verantwortungsvolles Handeln und die Steigerung des finanziellen Erfolgs eines Unternehmens sich nicht ausschließen müssen. Es ist jedoch wichtig, dass Unternehmen nicht ungezielt CSR-Projekte durchführen, sondern sie sollten strukturiert genutzt werden. Eine Planung kann über eine Corporate-Social-Agenda erfolgen. In dieser können die Ziele priorisiert dargestellt werden. Das Unternehmen sollte sich klare und messbare Ziele setzen.[148]

Bei der Analyse, welche positiven und negativen Auswirkungen das Handeln des Unternehmens hat, kann z. B. die Wertkettendarstellung in Anlage 13 genutzt werden. Im Anschluss an diese Analyse kann ein Unternehmen dann die eigenen CSR-Ziele definieren.

Vielfach hegen Investoren die Befürchtung, dass eine nachhaltige Unternehmensführung zu Lasten der finanziellen Performance durchgeführt wird. In Studien konnte diese Hypothese bislang nicht eindeutig nachgewiesen oder widerlegt werden. In wenigen Untersuchungen konnte ein negativer Zusammenhang zwischen der Performance und einer nachhaltigen Unternehmensführung belegt werden. Die Mehrzahl der Studien stellte jedoch fest, dass es eine positive Korrelation gibt.

Im Folgenden sind die Studien verkürzt zusammengefasst.[149]

Studien, die keinen eindeutigen Zusammenhang zwischen der finanzieller Performance und Nachhaltigkeit nachwiesen:

- 98 empirischen Studien zwischen 1972 bis 2000 von Pföstl und Bruckner.[150]

Studien, die einen positiven Zusammenhang zwischen der finanziellen Performance und Nachhaltigkeit herstellten:

---

[147] vgl. Kobi, 2008, Seite 43
[148] vgl. Porter, 2006, Seite 78–93
[149] Die Studienergebnisse variieren stark durch unterschiedliche Bemessungszeiträume, Indikatoren und Regionen.
[150] vgl. Bruckner, 2005, Seite 576–582

- In 95 Studien konnten Margolis und Walsh mehrfach einen positiven Zusammenhang belegen.[151]
- Eine aktuelle Studie vom Bankhaus Sarasin bestätigt einen positiven Zusammenhang zwischen der Aktienperformance und Nachhaltigkeitsaspekten.[152]

Betrachtung der Performance auf Portfolioebene:
- Nachhaltige Investments erzielten von 2000 bis 2007 eine Rendite von 35,7 Prozent, während der MSCI-World Verluste im Umfang von minus 24 Prozent erlitt.[153]
- Der Natur-Aktien-Index schlug den MSCI-World um 400 Prozent.[154]

Positiv ist für das langfristig ausgerichtete Unternehmen außerdem, dass nachhaltiges Handeln Risiken minimiert und somit zu positiven, monetär messbaren Effekten führen kann. Dies schlägt beispielsweise auf die Investoren-, Umwelt- und Mitarbeiterebene durch. Zudem steigt das Kaufinteresse auf Grund der positiven Resonanz durch mehr Umweltverträglichkeit und wegen der wahrgenommenen sozialen Verantwortung des Unternehmens.[155]

Heute noch nicht finanziell relevante Aspekte können sich für Unternehmen schnell in wesentliche Aspekte verändern. Solch ein Wandel kann beispielsweise durch neue Umweltauflagen eintreten, wie es mit der Einführung des Kohlendioxidemissionshandels der Fall war. Unternehmen wurden für einen geringen Kohlendioxidausstoß belohnt, indem sie die überflüssigen Kohlendioxidzertifikate gewinnbringend weiterverkaufen konnten. Unternehmungen mit einem überdurchschnittlichen Kohlendioxidausstoß mussten diesen hingegen monetär ausgleichen.

Aber auch Reputationsrisiken können sich finanziell auswirken. Die über Jahre günstige Produktion von Sportschuhen durch Kinderarbeit in Indien kann bei Veröffentlichung der Information in den Verkaufsländern schwere Reputationsschäden nach sich ziehen. So ist es beispielsweise dem Sportartikelhersteller Nike gegangen. Das Unternehmen wurde von der New York Times öffentlich kritisiert, weil ein indonesischer Zulieferer schlechte Arbeitsbedingungen bot – der Absatz von Nike brach rapide ein.[156]

Für Unternehmen ist es jedoch schwierig einzuschätzen oder zu prognostizieren, wann die latenten Risiken eintreten. Daher unterlassen viele Unter-

---

[151] vgl. Garz, 2002, Seite 4
[152] vgl. Plinke, 2008, Seite 5–20
[153] vgl. Oekom-Research, http://www.oekom-research.de
[154] vgl. Ludwikowski, 2010, Seite 91 f.
[155] vgl. Ludwikowski, 2010, Seite 73–75
[156] vgl. Porter, 2006, Seite 78–93

nehmen die ungewisse Investition in die Zukunft und sichern lieber die Gewinne der Gegenwart. Eines der brisantesten Beispiele aus der Gegenwart ist das Ölplattformunglück der Deep Water Horizon im Golf von Mexiko. 4,9 Millionen Barrel Öl traten aus, 8,6 Milliarden Dollar Entschädigungszahlungen müsste BP entrichten und elf Menschen kamen ums Leben. Ein Accoustic Switch für 400.000 EUR hätte dieses Unglück verhindern können.[157] Es wäre im Vorfeld nur nicht klar gewesen, ob sich diese Investition jemals auszahlen würde. Doch allein aus der Verantwortung gegenüber der Gesellschaft und Umwelt hätte diese Investition erfolgen müssen.

Bei Einnahme der individuellen Managersicht ist das Ausblenden der latenten Risiken verständlich. Wenn der Vorstand das Unternehmen nach durchschnittlich sechs Jahren[158] verlässt und sich sein Gehalt an kurzfristigen Zielen orientiert, dann handelt er für sich genommen rational. Um diesem Dilemma entgegenzuwirken, sollten, wie im Abschnitt 4.1 angeregt, die Vergütungskomponenten langfristiger ausgerichtet sein.

Es kann festgestellt werden, dass Nachhaltigkeitsaspekte grundsätzlich keine inferiore finanzielle Performance nach sich ziehen und in der Außen- und Innenwirkung prinzipiell positiv wirken. Eine standardisierte, objektive Einschätzung des Nachhaltigkeitsniveaus eines Unternehmens kann durch so genannte Nachhaltigkeitsratings erfolgen. In Nachhaltigkeitsindizes können Unternehmen miteinander verglichen werden. Je nachdem welcher Anbieter ein Rating durchführt, können die Ergebnisse jedoch stark schwanken.[159]

Positive Effekte einer langfristigen Ausrichtung des Unternehmens ergeben sich durch eine verbesserte Kundenbeziehung, eine zusätzliche Neukundengewinnung und eine positive Imageförderung. Eingesetzte Investitionsgelder amortisieren sich schneller, Kosten werden gespart.[160]

Auf der Investorenebene gibt es ebenso keine Performanceeinbußen – auch nicht durch eine geringere Diversifizierung des Portfolios. Mittlerweile gibt es eine Vielzahl von langfristigen und nachhaltigen Investitionsmöglichkeiten, so dass das Portfolio ausreichend breit gestreut werden kann. Der Investor hat hingegen einen Vorteil durch langfristige Investments, die Elemente berücksichtigen, die der Kapitalmarkt zum heutigen Zeitpunkt noch nicht eingepreist hat. Ein solcher Fakt kann beispielsweise der Klimawandel sein.

---

[157] vgl. Dietrich, http://www.rp-online.de und unbekannter Autor, http://www.handelsblatt.coml

[158] vgl. Keese, 2010, Seite VI

[159] Diese Ratings führen Ratingagenturen durch, die auf Nachhaltigkeitsratings spezialisiert sind, ebenso Kreditinstitute und Betreiber von WP-Indizes. vgl. Schäfer, http://www.boeckler.de

[160] vgl. Baumgartner, 2007, Seite 27

Nahezu das gesamte Portfolio ist von diesem betroffen. Wenn nun ein Unternehmen die Folgen des Klimawandels bereits berücksichtigt hat oder in gewisser Weise Lösungen für diesen anbietet, dann kann ein Investor sein systematisches Risiko (Betafaktor)[161] reduzieren.

Doch insbesondere Deutschland ist im europäischen Vergleich der nachhaltigen Investments „Schlusslicht", was die Abbildung verdeutlicht.

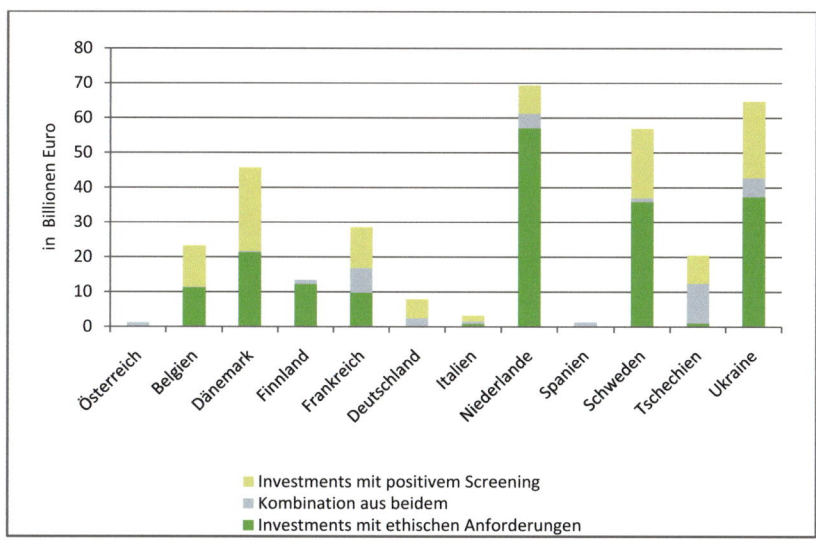

Abbildung 29: Nachhaltige Investments im europäischen Vergleich (2007)
Quelle: Ludwikowski, 2010, Seite 76

Welche Gruppen im Unternehmen welche Vorteile aus einer langfristig ausgerichteten Unternehmensführung mit den Anregungen der Master Thesis genießen, zeigt die folgende Tabelle.

---

[161] Wenn der Betafaktor größer als ein ist, dann ist das Portfolio risikoreicher als die Benchmark, Kursänderungen verlaufen überproportional.

	Vorteile	Nachteile
Anteilseigner/Investoren	Steuervorteile bei gutem Nachhaltigkeitswert	Weniger Anlageobjekte
	eventuell bessere Rendite als Alternativinvestment	Entscheidungsprozess für Investments wird umfangreicher
	Reduktion des systematischen Risikos	
Unternehmensführung	Gute Reputation	Zu beachtende Auflagen erweitern sich
	Erfolgsbonus wird langfristig auf hohem Niveau ausgezahlt	Mehr Zeitaufwand
		Längere Auszahlungsintervalle der Boni
Aufsichtsrat	Langfristige Bonuszahlung	Erhöhte Verantwortungsübernahme und Kontrollpflicht
	Haftungsrisiken reduzieren sich	
Mitarbeiter	Langfristig gesicherter Arbeitsplatz	Wille zur Veränderungsbereitschaft muss vorhanden sein
Staat/ Gesellschaft	Langfristige Steuereinnahmen durch Arbeitnehmer und Arbeitgeber, weniger Belastung der Sozialkassen/ Sicherungssysteme	Überwachung von Unternehmen muss aktiv durchgeführt werden
	Wahrung des sozialen Friedens	
Unternehmen	Motivierte Mitarbeiter	Ungewisse Reaktion vom Kapitalmarkt
	Gutes Image	
	Langfristiger Erfolg	
	Existenzsicherung	u. U. umfangreichere Entscheidungsprozesse
	Langfristige Ressourcensicherung	Verringerung der Wahrscheinlichkeit in kurzer Zeit überdurchschnittliche Renditen zu erzielen
	Sicherung von Absatzmärkten durch gesellschaftliche Stabilität	

Tabelle 14: Vorteile und Nachteile einer langfristigen U-Führung für die verschiedenen Interessensgruppen,
Quelle: eigene Darstellung

7 Fazit und Ausblick

In der Arbeit wurde dargestellt, dass der Schlüssel zur Veränderung der Unternehmen hin zu einer langfristigen Unternehmensführung bei den Anteilseignern der Unternehmen zu suchen ist. Sie bestimmen über die grundlegenden Unternehmensentscheidungen. Durch ein Ungleichgewicht aus eingegangenem Risiko in Form der begrenzten Haftung und den Gewinnaussichten auf der anderen Seite herrscht heute eine klare Risikopräferenz der Aktionäre. Kurzfristige Renditen werden erwartet, die Haltefristen einer Aktie betragen nur noch drei Monate.

Um eine langfristige Unternehmensführung zu erzielen, müssen zuerst die Investoren ein langfristiges Interesse am Unternehmen haben. Dies kann beispielsweise über veränderte steuerliche Rahmenbedingungen geschehen.

In einem weiteren Schritt muss es das Ziel sein, der Unternehmensführung einen Anreiz für langfristiges Handeln zu geben. Mit der dargestellten Anreizausgestaltung für die Unternehmensführung wird erreicht, dass es einen Anreiz zur Entwicklung und Umsetzung einer langfristigen Unternehmensstrategie gibt. Die Strategie ist gekennzeichnet durch den Ausbau der Wettbewerbsvorteile und eine Sicherung der Schlüsselressourcen. Die Führung orientiert sich nicht nur auf kurzfristige Finanzzahlen, sondern auch auf die immateriellen Erfolgskomponenten des Unternehmens. Dies wird durch eine Verlagerung der Bonuszahlungen, über die aktive Unternehmenszugehörigkeit der Führungskräfte hinaus, erreicht. Ebenso sind langfristig wirkende Bemessungsgrundlagen auszuwählen. Hierzu zählen beispielsweise das Humanvermögen, die Kundenzufriedenheit oder die Reputation.

Wenn ein Unternehmen sich in die Gesellschaft aktiv einbringt und Verantwortung übernimmt, dann kann es langfristig erfolgreich sein. Dazu gehört ein fairer Umgang mit den Mitarbeitern. Möglich ist dieser mit Hilfe des veränderten (psychologischen) Arbeitsvertrages. Unternehmen geben ihren Mitarbeitern eine Beschäftigungsgarantie ab, im Gegenzug sind die Arbeitnehmer langfristig motiviert und veränderungsbereit.

Bei der aktiven Verfolgung einer CSR-Strategie besteht für das Unternehmen der Vorteil, dass sich dessen Reputation und Image bei den Kunden verbessern kann. Aber auch auf der finanziellen Perspektive ergeben sich für das Unternehmen Vorteile. Denn Ressourceneinsparungen können auch die Ausgaben des Unternehmens senken. Zudem können langfristige Investitionen in der Zukunft positiv auf die Unternehmensperformance wirken. Besonders, wenn der Kapitalmarkt diese Überlegungen noch gar nicht mit eingepreist hat. Langfristige Wettbewerbsvorteile gegenüber den Mitbewerbern können auf diese Weise generiert werden.

Kurz zusammengefasst kann festgestellt werden, dass Unternehmen lang-fristig wirtschaftlich agieren können, indem sie kurzfristige, sozial- oder umweltschädliche Tätigkeiten unterbinden.

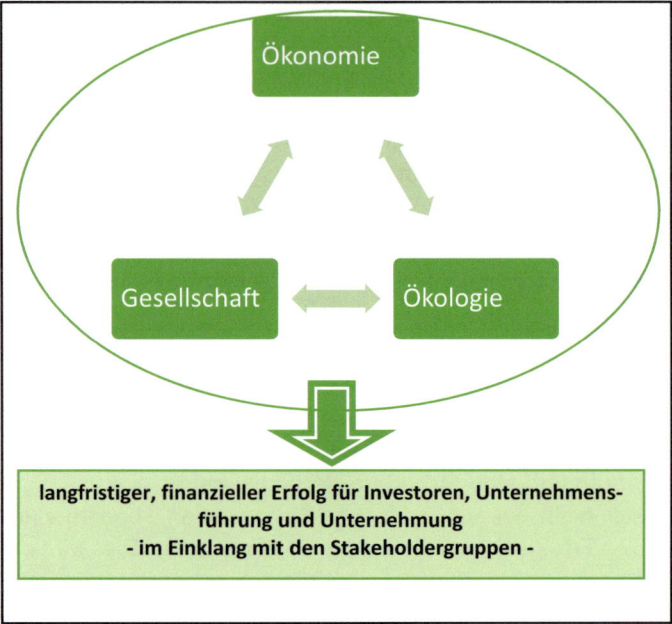

Abbildung 30: Konsens zwischen Ökonomie - Ökologie – Gesellschaft
Quelle: eigene Darstellung

Harlem Brundtland, Direktorin der WHO, sagte auf dem World Business Council for Substainable Development zum Thema Nachhaltigkeit: „Meeting the needs of the present without compromising the ability of future genera-tions to meet their own needs."[162] Dies beschreibt am besten, welche Maß-stäbe für langfristig ausgerichtete Unternehmen gelten sollten.

---

[162] Porter, 2006, Seite 78–93

IV Literaturverzeichnis

Bücher, Aufsätze, Dissertationen

A

Afra, Sina; Aders, Christian (2001): Den Firmenwert dauerhaft steigern. Die Standards, auf die eine wertorientierte Unternehmensführung achten sollte, schälen sich deutlich heraus. In: Harvard Business Manager, Jg. 23, H. 3, S. 98–106.

Andreas, Jörn M. (2011): Determinanten der Aufsichtsratsvergütung in deutschen Aktiengesellschaften. Eine panelökonometrische Untersuchung zur Effektuierung der Anreizorientierung. Univ., Inst. für Technologie, Diss.--Karlsruhe, 2010. München, Mering: Hampp (Schriften zu Management, Organisation und Information, 28).

B

Baumgartner, Rupert J.; Biedermann, Hubert; Ebner, Daniela (2007): Unternehmenspraxis und Nachhaltigkeit. Herausforderungen, Konzepte und Erfahrungen. s.l.: Rainer Hampp Verlag.

Berens, Wolfgang (2010): Pay for poor Performance - Vorstandsvergütungspraxis deutscher Konzerne in der Finanz- und Wirtschaftskrise. Münster. Westfälische Wilhelms-Universität.

Bieg, Hartmut (2010): Bankbilanzierung nach HGB und IFRS (Vahlens Handbücher der Wirtschafts- und Sozialwissenschaften). 2. Aufl. s.l.: Vahlen Verlag.

Bleicher, Knut (1995): Das Konzept integriertes Management. 3. Aufl. Frankfurt am Main: Campus-Verl. (CampusManager-Magazin, 1).

Bleicher, Knut; Leberl, Diethard G.; Paul, Herbert (1989): Unternehmungsverfassung und Spitzenorganisation. Führung und Überwachung von Aktiengesellschaften im internationalen Vergleich. Wiesbaden: Gabler.

Bruckner, Bernulf; von Pföstl, Georg (2005): Nachhaltigkeit und finanzielle Performance: ausgewählte Indizes und Unternehmen im empirischen Vergleich. In: Zeitschrift für das gesamte Kreditwesen, Jg. 58, H. 11, S. 576–582.

Bundesministerium für Bildung und Forschung (BMBF) (Hg.) (2010): Demografischer Wandel – (k)ein Problem! Werkzeuge für Praktiker – von Betrieben für Betriebe. Rheinbach: Moser, Druck + Verlag GmbH.

Büschgen, Hans E.; Mindner, Rudolf (2001): Das kleine Börsen-Lexikon. : Begr.v. Rudolf Mindner. 22. Aufl. Düsseldorf: Verl. Wirtschaft u. Finanzen.

C

Capgemini Deutschland Holding GmbH (2011): HR-Barometer 2011. Bedeutung, Strategien, Trends in der Personalarbeit – Schwerpunkt: Organisationsdesign und -entwicklung. Herausgegeben von Capgemini Deutschland Holding GmbH.

Coenenberg, Adolf Gerhard; Salfeld, Rainer (2007): Wertorientierte Unternehmensführung. Vom Strategieentwurf zur Implementierung. 2., überarb. Aufl. Stuttgart: Schäffer-Poeschel.

Crone, Hans Caspar von der (Hg.) (2000): Verantwortlichkeit, Anreize und Reputation in der Corporate Governance der Publikumsgesellschaft. In: SJV-Publikation und ZSR.

D

Dahlhaus, Caterina (2009): Investitions-Controlling in dezentralen Unternehmen. Anreizsysteme als Instrument zur Verhaltenssteuerung im Investitionsprozess. 1. Aufl. s.l.: Gabler Verlag.

Dillerup, Ralf; Stoi, Roman (2006): Unternehmensführung. München: Vahlen.

F

Ferstl, Jürgen (2000): Managervergütung und Shareholder Value. Konzeption einer wertorientierten Vergütung für das Top-Management. Wiesbaden: Deutscher Universitäts-Verlag.

G

Garz, Hendrik; Volk, Claudia; Gilles, Martin (2002): Lust auf mehr? SRI: Performance mit gutem Gewissen: WestLB Panmure: Düsseldorf

Grundmann, Wolfgang; Körner-Delfs, Rudolf (2008): Fallorientierte Bankbetriebswirtschaft. Anhand bankpraktischer Aufgabenstellungen BBWL verstehen und umsetzen: Gabler Verlag.

H

Hahn, Tobias; Liesen, Andrea (2007): Nachhaltig erfolgreich Wirtschaften – Eine Untersuchung der Nachhaltigkeitsleistung deutscher Unternehmen mit dem Substainable Value Ansatz: Institut für Zukunftsstudien und Technologieberatung: Berlin

Hahn, Dietger; Taylor, Bernard (2006): Strategische Unternehmungsplanung. Strategische Unternehmungsführung: Stand und Entwicklungstendenzen. 9. Aufl. s.l. Heidelberg: Springer-Verlag

Hardtke, Arnd (2001): Perspektiven der Nachhaltigkeit. Vom Leitbild zur Erfolgsstrategie. Wiesbaden: Gabler.

Hartmann, Kerstin (2003): Die Aufsichtsratsvergütung als Erfolgsfaktor im deutschen Corporate-Governance-System. Univ., Fak. für Wirtschaftswiss., Diss.--Magdeburg, 2002. Frankfurt am Main: Lang (Europäische HochschulschriftenReihe 5, Volks- und Betriebswirtschaft, 2961).

Hilger, Susanne (2004): "Amerikanisierung" deutscher Unternehmen. Wettbewerbsstrategien und Unternehmenspolitik bei Henkel, Siemens und Daimler-Benz (1945/49 - 1975). Stuttgart: Steiner (Vierteljahrschrift für Sozial- und WirtschaftsgeschichteBeihefte, 173).

Hinterhuber, Hans Hartmann (2004): Strategische Unternehmungsführung. 7. Aufl. Berlin, New York: de Gruyter (de Gruyter Lehrbuch).

Hofmann, Rolf; Hofmann, Ingo (1998): Aufsichtsrat. Kontrollschwäche begünstigt Mißmanagement ; komprimierte Analyse und praxisorientierter Leitfaden zur Unternehmensüberwachung. 2., neubearb. und erw. Aufl. Bochum: Hofmann.

Hofmann, Rolf; Hofmann, Ingo (2005): Prüfungs-Handbuch. Leitfaden für eine Überwachungs- und Revisionskonzeption in der Corporate Governance. 5., völlig neu bearb. erw. Aufl. Berlin: Schmidt.

Holström, Bengt (1999): Managerial Incentive Problems: A Dynamic Perspective. In: Review of Economic Studies, S. 169-182

Horváth, Péter (2004): Intangibles in der Unternehmenssteuerung. Strategien und Instrumente zur Wertsteigerung des immateriellen Kapitals. München: Vahlen (Controlling).

I

IÖW-Studie von Dr. Bernd Hirschl (2009): Investitionen der vier großen Energiekonzerne in Erneuerbare Energien

K

Kaserer, Christoph (2009): Wachstum und Unabhängigkeit durch Eigenkapitalfinanzierung – Studie Strukturwandel und Lösungsansätze für den deutschen Mittelstand in der aktuellen Finanz- und Wirtschaftskrise. Frankfurt am Main: Deutsche Börse AG

Keese, Detlef; Hauer, Annegret; Tänzler, Jan (2011): Die Verweildauer des Managements von Familienunternehmen und Unternehmen im Streubesitz. München: Stiftung Familienunternehmen.

Khurana, Rakesh; Nohria, Nitin (2009): Die Neuerfindung des Managers. In: Harvard Business Manager, H. 1, S. 20–32.

Kobi, Jean-Marcel (2008): Die Balance im Management. Werte, Sinn und Effizienz in ein Gleichgewicht bringen. s.l.: Gabler Verlag.

Koslowski, Peter; Bötzel, Stefan (1999): Shareholder-Value und die Kriterien des Unternehmenserfolgs. Mit 6 Tabellen. Heidelberg: Physica-Verl. (Ethische Ökonomie, 4).

Kreiß, Christian Prof. Dr. (2010): Auswirkungen von Private Equity auf Investoren, übernommene Unternehmen und die Volkswirtschaft. In: WiSt Wirtschaftswissenschaftliches Studium, Jg. 39, H. 2, S. 91–95.

L

Lazar, Christian (2007): Managementvergütung, Corporate Governance und Unternehmensperformance. s.l.: DUV Deutscher Universitäts-Verlag.

Lister, Michael; Schierenbeck, Henner (2010): Value Controlling. Grundlagen Wertorientierter Unternehmensführung. 2. Aufl. München: Oldenbourg Wissenschaftsverlag (BWL 6-2010).

Ludwikowski, Joanna (2010): Das Nachhaltigkeits-Konzept in deutschen Unternehmen. Modetrend oder Notwendigkeit? Hamburg: Diplomica Verl.

M

Meyer, Andreas (2006): Anreizsysteme. Gewinne oder Cash Flows als Basis. Saarbrücken: VDM Verlag Dr. Müller e. K.

N

Nastansky, Andreas Dr.; Strohe, Hans Gerhard Prof. Dr. (2010): Die internationale Finanz- und Bankenkrise und ihre wesentlichen Ursachen. In: WiSt Wirtschaftswissenschaftliches Studium, Jg. 39, H. 1, S. 23–29.

P

Plinke, Eckhard Dr. (2008): Nachhaltigkeitsstudie. Nachhaltigkeit und Aktienperformance - alte und neue Erkenntnisse zu einem Dauerbrenner.

Porter, Michael E.; Kramer, Mark R. (2006): Strategy and Society. The Link between competitive Advantage and Corporate Social Responsibility. In: Harvard Business Review, H. 12, S. 78–93.

Porter, Michael E.; Kramer, Mark R. (2011): Die Neuerfindung des Kapitalismus. In: Harvard Business Manager, H. 2, S. 58–75.

Prinz, Enrico; Schwalbach, Joachim (2011): Zum Stand der Managervergütung in Deutschland und Europa: Ein aktuelles Porträt. Berlin: unbekannter Verlag

R

Rappaport, Alfred; Klien, Wolfgang (1999): Shareholder value. Ein Handbuch für Manager und Investoren. 2., vollst. überarb. und aktualisierte Aufl. Stuttgart: Schäffer-Poeschel (Handelsblatt-Reihe).

Rosenbaum, Jens (2009): Der politische Einfluss von Rating-Agenturen. 1. Aufl. s.l.: VS Verlag für Sozialwissenschaften (GWV).

S

Schulz, Viktor (2009): Die internationale Finanzmarktkrise und die Ratingagenturen. Fachhochschule, Diplomarbeit. Frankfurt am Main, 2009. Hamburg: Diplomica Verl.

Schweickart, Nikolaus; Töpfer, Armin (2006): Wertorientiertes Management. s.l. Heidelberg: Springer-Verlag.

Schwenker, Burkhard (2011): Europa führt! Plädoyer für ein erfolgreiches Managementmodell. Köln: BrunoMedia (re, 4).

Sinn, Hans-Werner (2010): Kasino-Kapitalismus. Wie es zur Finanzkrise kam, und was jetzt zu tun ist. Berlin: Ullstein (Ullstein, 37303).

Specht, Olaf (2001): Unternehmensführung. Mit integriertem Unternehmensplan und über 100 Abbildungen und Tab. München: Oldenbourg (Global text).

T

Tebben, Tobias (2011): Vergütungsanreize und opportunistische Bilanzpolitik. Eine empirische Analyse der Rolle von Aufsichtsrat und Abschlussprüfer. Wiesbaden: Gabler Verlag/Springer Fachmedien Wiesbaden GmbH Wiesbaden.

U

unbekannter Autor (2006) : Unternehmensmitbestimmung – Keine Nachteile für Aktionäre. In: Böcklerimpulse, H. 16, S. 6

W

Washburn (2010): Gewinn ist nicht alles. In: Harvard Business Manager, H. 3, S. 85.

Wassermann, Holger (2011): Kapitalmarktorientierung in Accounting und Controlling. Techn. Univ., Diss.--Berlin, 2010. Wiesbaden: Gabler (Gabler Research).

Winarzki, Martin (2011): Staatliche Eingriffe in die privatwirtschaftliche Vergütungspolitik vor dem Hintergrund der aktuellen Kapitalmarktgesetzgebung. Hamburg: Kovac (Schriftenreihe Schriften zum Handels- und Gesellschaftsrecht, 92).

Wöhe, Günter; Döring, Ulrich (2005): Einführung in die allgemeine Betriebswirtschaftslehre. 22., neubearb. Aufl. München: Vahlen (Vahlens Handbücher der Wirtschafts- und Sozialwissenschaften).

Z

Zerfaß, Ansgar (2007): Handbuch Unternehmenskommunikation. Wiesbaden: Gabler Verlag / Springer Fachmedien Wiesbaden GmbH Wiesbaden.

Internet- und Filmquellen

A

Achbar, Mark; Crooks, Harold; Bakan, Joel; Shandel, Thomas: The Corporation. 2006.

Allianz: Aufsichtsrat. Online verfügbar unter:
https://www.allianz.com/de/investor_relations/corporate_governance/aufsichtsrat/page1 .html.
24. Sep. 2011

B

BASF: Dr. h.c. Eggert Voscherau. 2011. Online verfügbar unter: SE:
http://www.basf.com/group/corporate/de/function/conversions:/publish/content/about-basf/corporate-management/images/Lebenslauf_Voscherau.pdf.
24. Sep. 2011

Bayer AG: Aufsichtsrat Dr. Manfred Schneider. 2011. Online verfügbar unter:
http://www.bayer.de/de/Dr.-Manfred-Schneider.aspx.
24. Sep. 2011

Beeger, B.; Haak, K.; Kaiser, T.: Die Wirtschaftselite bekommt wieder dicke Gehälter. 2011. Online verfügbar unter:
http://www.welt.de/wirtschaft/article13047382/Die-Wirtschaftselite-bekommt-wieder-dicke-Gehaelter.html.
23. Sep. 2011

Büffel, Steffen: Die Mobilisierung der Wissensarbeit. Online verfügbar unter:
http://www.neuegegenwart.de/ausgabe51/wissensarbeit.htm.
25. Sep. 2011

Bundeszentrale für politische Bildung: Aktienbestand und Aktienhandel. Online verfügbar unter:
http://www.bpb.de/wissen/5IAXN9,0,0,Aktienbestand_und_ Aktienhandel.html.
25. Sep. 2011

Bundeszentrale für politische Bildung: Aktionärsstruktur von DAX-Unternehmen. Online verfügbar unter:
http://www.bpb.de/wissen/0ZUWM5,0,0,Aktion%E4rsstruktur_von_DAXUnternehmen. html.
18. Sep. 2011

Bundeszentrale für politische Bildung: Private Equity. Online verfügbar unter:
http://www.bpb.de/wissen/YNTETY,0,0,Private_Equity.html.
23. Sep. 2011

D

Daimler AG: Dr. rer.pol. Manfred Bischoff. Online verfügbar unter:
http://www.daimler.com/dccom/0-5-621415-49-625344-1-0-0-0-0-0-104-7145-0-0-0-0-0-0-0.html.
24. Sep. 2011

Daum, Werner: Biografie. Online verfügbar unter:
http://www.whoswho.de/templ/te_bio.php?PID=1650&RID=1;
http://www.whoswho.de/templ/te_bio.php?PID=1652&RID=1;
http://www.whoswho.de/templ/te_bio.php?PID=1614&RID=1;
http://www.whoswho.de/templ/te_bio.php?PID=2894&RID=1.
24. Sep. 2011

Deutsche Bank: Aufsichtsrat. Online verfügbar unter:
http://www.db.com/ir/de/content/aufsichtsrat.html.
24. Sep. 2011

Deutsche Börse: Dr. Manfred Gentz neuer Aufsichtsratsvorsitzender der Deutsche Börse
AG. Online verfügbar unter:
http://deutsche-boerose.com/dbag/dispatch/de/listcontent/gdb_navigation/ investor_relations/Content_FFile/10_adhoc/db_ad-hoc_081208_a.htm.
24. Sep. 2011

Dietrich, Nils: Ölpest im Golf von Mexiko - Die vermeidbare Katastrophe. 2010. Online
verfügbar unter:
http://www.rp-online.de/panorama/ausland/Die-vermeidbare-
Katastrophe_aid_852395.html.
22. Sep. 2011

E

E.ON: LEBENSLAUF –WERNER WENNING. Online verfügbar unter:
www.eon.com/download/dwn-news/10253,574/Lebenslauf_Wenning.pdf,
24. Sep. 2011

F

FAZ: Corporate Governance - Schlechte Führungsregeln kosten Aktionäre Geld. 2005.
Online verfügbar unter:
http://www.faz.net/artikel/C30974/corporate-governance-schlechte-fuehrungsregeln-
kosten-aktionaere-geld-30266800.html.
21 Sep. 2011

Fockenbrock, Dieter: Aufsichtsräte wechseln zu Festgehalt. 2011. Online verfügbar unter:
http://www.handelsblatt.com/unternehmen/management/strategie/ aufsichtsraete-
wechseln-zu-festgehalt/4059630.html.
18. Sep. 2011

G

Guerrera, Francesco: Welch rues short-term profit 'obsession. 2009. Online verfügbar unter:
http://www.ft.com/cms/s/0/294ff1f2-0f27-11de-ba10-0000779fd2ac.html.
24. Sep. 2011

H

Heidelberg Cement: Lebenslauf Fritz-Jürgen Heckmann. Online verfügbar unter:
http://www.heidelbergcement.com/NR/rdonlyres/27CD84D9-B7E9-4492-B27D-
2CEA535BB060/0/Lebenslauf_Heckmann_dt.pdf, 24. Sep. 2011

Henkel: Dr. Simone Bagel-Trah. Online verfügbar unter:
http://www.henkel.de/de/content_data/239628_Lebenslauf_Simone_Bagel_d.pdf.
24. Sep. 2011

Hönsch, Henning (1): Unternehmen nutzen Spielräume bei der Vergütung für Aufsichtsräte. Online verfügbar unter:
http://www.pwc.de/de/aufsichtsraete/unternehmen-nutzen-spielraeume-bei-der-
verguetung-fuer-aufsichtsraete.jhtml.
 18. Sep. 2011

Hönisch, Henning (2): Keine Trendwende bei der Aufsichtsratsvergütung. Online verfügbar unter:
http://www.pwc.de/de/aufsichtsraete/keine-trendwende-bei-der-
aufsichtsratsverguetung.jhtml.
18. Sep. 2011

J

Josef Renner (PWC-Österreich): Interne Revision. Überwachung und Nutzen für Aufsichtsorgane. Online verfügbar unter:
http://www.pwc.com/at/de/publikationen/aufsichtsrat/interne-revision-ueberwachung-
und-nutzen-fuer-aufsichtsorgane.pdf.
22. Sep. 2011

K

K+S: Lebenslauf Dr. Ralf Bethke. Online verfügbar unter:
http://www.k-plus-s.com/de/pdf/lebenslauf-aufsichtsrat/lebenslauf-ralf-bethke.pdf.
24. Sep. 2011

Kazim, Hasnain: Rating-Agenturen – Die böse Macht der Krisen-Katalysatoren. Online
verfügbar unter:
http://www.spiegel.de/wirtschaft/0,1518,499674,00.html.
15. Sep. 2011

L

Linde: Dr Manfred Schneider. Online verfügbar unter:
http://www.the-linde-group.com/en/images/Lebenslauf_Dr_Manfred_Schneider_eng14-
15621.pdf;
http://www.the-lindegroup.com/de/images/Mitgliedschaften_Stand_1_7_11_DE16-
25227.pdf.
24. Sep. 2011

Lufthansa: Dipl.-Ing. Dr.-Ing. E.h. Jürgen Weber. Online verfügbar unter:
http://investor-relations.lufthansa.com/fileadmin/downloads/de/weitere/vita-Juergen-
Weber-2011-05-d.pdf.
24. Sep. 2011

M

Merkel, Angela:
Rede von Bundeskanzlerin Angela Merkel anlässlich des 8. Jahreskongresses des Rates
für Nachhaltige Entwicklung. 2008. Online verfügbar unter:
http://www.bundesregierung.de/Content/DE/Archiv16/Rede/2008/11/2008-11-17-merkel-
nachhaltigkeitsrat,layoutVariant=Druckansicht.html.
14. Sep. 2011

Metro Group: Unternehmen Mandate. Online verfügbar unter:
http://www.metrogroup.de/internet/site/metrogroup/node/11372/Lde/index.html#anker1
13132.
24. Sep. 2011

Morrien, Ralf: DAX Werte: Ausländische Investoren erobern deutschen Aktienmarkt: Online verfügbar unter:
http://www.gevestor.de/details/dax-werte-auslaendische-investoren-erobern-deutschen-
aktienmarkt-501562.html.
18. Sep. 2011

Munzinger: Reinhard Pöllath. Online verfügbar unter:
http://www.munzinger.de/search/portrait/Reinhard+%20P%C3%B6llath/0/24305.html;
http://www.munzinger.de/search/document?index=mol-
00&id=00000022418&type=text/html&query.key=4Xonfbvq&template=/publikationen/p
ersonen/document.jsp&preview=.
24. Sep. 2011

N

Noé; Martin: Adidas, Merck. Online verfügbar unter:
http://www.manager-magazin.de/unternehmen/karriere/ 0,2828,613717,00.html;
http://www.manager-magazin.de/unternehmen/karriere/ 0,2828,171059,00.html
http://www.manager-magazin.de/unternehmen/karriere/o,2828,612148,00.html.
24. Sep. 2011

O

Oekom-Research: Welche Renditeerwartungen erfüllen sich langfristig mit einem nachhaltigen Portfolio?. 2007. Online verfügbar unter:
http://www.oekom-research.de/homepage/german/Performance-Studie_07.pdf.
22. Sep. 2011

P

Palan, Dietmar: Verdienen wie in Boomzeiten. 2010. Online verfügbar unter:
http://www.manager-magazin.de/unternehmen/artikel/o,2828,699705-5,00.html.
19. Sep. 2011

Piscane, Maximilian: Deutschland und USA: Insolvenz-Verwaltung im Vergleich - Ge-
strauchelten eine Chance. Online verfügbar unter:
http://www.europolitan.de/cms/?s=ep_artikel&artikelid=1656&.
25. Sep. 2011

Porter, Michael; Kramer, Mark: Was ist ... Shared Value?. Online verfügbar unter:
http://www.harvardbusinessmanager.de/heft/artikel/a-741553.html.
15. Sep. 2011

Pressemitteilung Gallup Consulting, Pfeifer, Anke: Jeder fünfte Arbeitnehmer hat innerlich gekündigt. 2011. Online verfügbar unter:
http://eu.gallup.com/File/Berlin/146027/Pressemitteilung%20zum%20Gallup%20EEI%20
2010.pdf.
19. Sep. 2011

R

RWE: Dr. Manfred Schneider. Online verfügbar unter:
http://www.rwe.com/web/cms/de/703902/rwe/investor-relations/corporate-
governance/aufsichtsrat/zum-lebenslauf/.
24. Sep. 2011

S

S Broker: Unternehmensportrait der DAX-Unternehmen. Online verfügbar unter:
http://www.sbroker.de/sbl/mdaten_analyse/indizes_kursliste?IS_PARAMS=%26ID_NOT
ATION%3D20735&ioContid=2763.
24. Sep. 2011

Schäfer, Henry: Unternehmensrating hinsichtlich Nachhaltigkeit bzw. Corporate Social
Resposibility (CSR). 2005. Online verfügbar unter:
http://www.handelsblatt.com/unternehmen/industrie/bp-droht-neue-
klagewelle/4549452.html.
22. Sep. 2011

Schausten, Bettina: ZDF-Sommerinterview. 2011. Online verfügbar unter:
http://www.bundespraesident.de/SharedDocs/Reden/DE/Christian-
Wulff/Interviews/2011/110710-ZDF-Sommerinterview.html.
21. Sep. 2011

Schneider, Anita: Die Tobin-Tax: geliebt, gehasst, gefürchtet. 2011. Online verfügbar
unter:
http://www.boerse.ard.de/content.jsp?key=dokument_556911.
21. Sep. 2011

Schönborn, Gregor (2010): Value Performance - On the Relation Between Corporate Cul-
ture and Corporate Success. In: Zeitschrift für Psychologie / Journal of Psychology, H. 4.

Schwalbach, Joachim: Vergütungsstudie 2010 – Vorstandsvergütung und Personalkosten
DAX30-Unternehmen 1987 – 2009. Online verfügbar unter:
http://www2.wiwi.hu-berlin.de/institute/im/_html/Verguetungsstudie_2010.pdf.
19. Sep. 2011

Shell: 16. Shell Jugendstudie. 2010. Online verfügbar unter:
http://www.shell.de/home/content/deu/aboutshell/our_commitment/shell_youth_study/
21. Sep. 2011

Statistisches Bundesamt: Insolvenzen. Online verfügbar unter:
http://www.destatis.de/jetspeed/portal/cms/Sites/destatis/Internet/DE/Content/Statistike
n/UnternehmenGewerbeInsolvenzen/Insolvenzen/Aktuell.psml.
19. Sep. 2011

Streim, Andreas: Ökonomie: Nur 25 Prozent - Die Industrie hat eine höhere Eigenkapitalrendite als die Deutsche Bank. 2010. Online verfügbar unter:
http://www.maerkischeallgemeine.de/cms/beitrag/11806356/485072/Die-Industrie-hat-
eine-hoehere-Eigenkapitalrendite-als-die.html.
18. Sep. 2011

T

Teyssen, Johannes (E.ON AG): Ordentliche Hauptversammlung der E.ON AG am 5. Mai
2011. Online verfügbar unter:
www.eon.com/de/downloads/Rede_Teyssen_HV_2011.pdf.
14. Sep. 2011.

ThyssenKrupp: Dr. Gerhard Cromme, Essen. Online verfügbar unter:
http://www.thyssenkrupp.com/de/konzern/cromme_ar.html.
24. Sep. 2011

U

unbekannter Autor: BP droht neue Klagewelle. 2011. Online verfügbar unter:
http://www.handelsblatt.com/unternehmen/industrie/bp-droht-neue-
klagewelle/4549452.html.
22. Sep. 2011

unbekannter Autor: Sustainable Value Ansatz. 2011. Online verfügbar unter:
http://www.nachhaltigkeit.info/artikel/sustainable_value_ansatz_1142.htm.
21. Sep. 2011

V   Anlagenverzeichnis

Anlage 1: Aktionärsstruktur der DAX-Konzerne

ADIDAS AG NAMENS-AKTIEN		ALLIANZ SE VINK.NAMENS-AKTIEN		BASF SE NAMENS-AKTIEN		BAYER AG NAMENS-AKTIEN	
Streubesitz	84,08	Streubesitz	94,35	Streubesitz	94,65	Streubesitz	79,29
Capital Research and Management	5,01	Black Rock, Inc.	5,03	Black Rock, Inc.	5,35	Capital Research and Management	9,97
Black Rock, Inc.	4,92	eigene Anteile	0,62		100,00	Black Rock, Inc.	5,03
The Bank of New York	3,07		100,00			Capital World Group	2,95
Aufsichtsrat	1,92					Société Générale	2,76

BAYERISCHE MOTOREN WERKE AG STAMMAKTIEN		BEIERSDORF AG INHABER-AKTIEN		COMMERZBANK AG INHABER-AKTIEN		DAIMLER AG NAMENS-AKTIEN	
Streubesitz	50,29	Maxingvest AG	50,47	Streubesitz	62,88	Streubesitz	71,10
Stefan Quandt GmbH	17,40	Streubesitz	36,79	Bundesrepublik Deutschland	25,00	International Petroleum Investment Company	9,09
Quandt	16,70	eigene Anteile	9,99	Allianz SE	4,85	Kuwait Investment Authority (KIA)	6,90
Susanne Klatten	12,56	Capital Research	2,75	Black Rock, Inc.	3,07	Black Rock, Inc.	3,90
Black Rock, Inc.	3,05			Assicurazioni Generali SpA	1,11	Capital Research and Management	3,10
				eigene Anteile	0,79	Renault S. A.	3,10
				UBS AG	0,78	Société Générale	2,79
				Credit Suisse AG	0,59	eigene Anteile	0,02
				Citigroup Inc.	0,46		
				JPMorgan Chase &	0,32		

DEUTSCHE BANK AG NAMENS-AKTIEN		DEUTSCHE BOERSE AG Z.UMT.EING ER.NAMEN		DEUTSCHE LUFTHANSA AG VINK.NAMENS-AKTIEN		DEUTSCHE POST AG NAMENS-AKTIEN	
Anteilseigner		Anteilseigner		Anteilseigner		Anteilseigner	
Streubesitz	88,07	Streubesitz	82,55	Streubesitz	89,36	Streubesitz	66,32
Black Rock, Inc.	5,14	Black Rock, Inc.	5,01	Black Rock, Inc.	5,08	KfW - Kreditanstalt	30,50

Credit Suisse Group	3,86	eigene Anteile	4,59	Janus Capital Management LLC	2,94	Black Rock, Inc.	3,18
Société Générale	1,67	Sun Life Financial	3,34	Credit Suisse Group	2,62		
eigene Anteile	1,08	Franklin Mutual Advisers	3,01				
Ackermann	0,06	The Royal Bank of Scotland	1,50				
Jain	0,05						
Fitschen	0,02						
Bank of America	0,01						
Lamberti	0,01						

DEUTSCHE TELEKOM AG NAMENSAKTIEN		E.ON AG NAMENSAKTIEN		FRESENIUS MEDICAL CARE KGAA		FRESENIUS SE & CO. KGAA INHABERAKTIEN	
Streubesitz	60,26	Streubesitz	84,30	Streubesitz	53,93	Streubesitz	61,07
KfW - Kreditanstalt für Wiederaufbau	17,00	Staat Norwegen	5,91	Fresenius SE & Co. KGaA	35,74	Else Kröner-Fresenius Stiftung	28,85
Bundesrepublik Deutschland	15,00	Black Rock, Inc.	5,01	Thornburg Investment	3,76	Allianz SE	4,26
Blackstone Group	4,40	eigene Anteile	4,78	Black Rock, Inc.	3,58	Artio Global Investors, Inc.	2,36
Black Rock, Inc.	3,34			FIL Limited	2,99	Skandinaviska Enskilda Banken	1,77
						FMR LLC	1,69

HEIDELBERGCEMENT AG INHABERAKTIEN		HENKEL AG & CO. KGAA INHABERVORZUGSAKTIEN		INFINEON TECHNOLOGIES AG NAMENSAKTIEN		K+S AKTIENGESELLSCHAFT INHABERAKTIEN	
Streubesitz	58,68	Familie Henkel	53,17	Streubesitz	79,03	Streubesitz	73,54
Merckle	25,43	Streubesitz	46,83	Dodge & Cox	9,82	Meritus Trust Company Limited	9,88
Arnhold and S. Bleichroeder Holding, Inc.	5,12			Black Rock, Inc.	5,08	Black Rock, Inc.	5,46
Black Rock, Inc.	4,83			Odey Asset Management	3,05	Capital Research and Management	3,13
Fidelity Management & Research Company, Boston	2,96			Capital Research	3,02	AXA S.A.	2,96

FMR LLC	2,96					Credit Suisse Group	2,74
Pommersche Provinzial-Zuckersiederei AG	0,02					The Royal Bank of Scotland	2,29

LINDE AG INHABER-AKTIEN		MAN SE INHABER-STAMM-AKTIEN		MERCK KGAA INHABER-AKTIEN		METRO AG STAMMAKTIEN	
Anteilseigner		Anteilseigner		Anteilseigner		Anteilseigner	
Streubesitz	81,94	Streubesitz	65,38	Streubesitz	52,88	Stimmrechtsbündel Haniel Schmidt-Ruthenbeck	50,01
Sun Life Financial	5,13	Volkswagen AG	30,47	Sun Life Financial	9,56	Streubesitz	40,02
Black Rock, Inc.	5,02	Black Rock, Inc.	4,15	Barclays plc	5,60	Gesellschafterstamm Beisheim	9,97
Capital Research and Management	4,94			Templeton Investment	5,13		
Allianz SE	2,97			Black Rock, Inc.	5,06		
				Templeton Global Advisors	5,06		
				Capital Research and Management	4,89		
				Deutsche Bank AG	4,48		
				FIL Limited	4,48		
				Capital World Growth and Income Fund, Inc.	2,86		

MUENCHENER RUECKVERS.-GES. AG VINK.NA		RWE AG INHABER-STAMM-AKTIEN		SAP AG INHABER-AKTIEN		SIEMENS AG NAMENS-AKTIEN	
Streubesitz	82,82	Streubesitz	56,78	Streubesitz	58,34	Streubesitz	85,19
Buffett	10,24	RW Energie-Beteiligungsgesellschaft mbH & Co.KG	16,09	Plattner	9,96	Siemens (Familie)	6,00
Black Rock, Inc.	6,15	Privataktionäre	14,00	Hopp	9,20	eigene Anteile	4,85
eigene Anteile	0,79	eigene Anteile	5,51	Tschira	9,00	Black Rock, Inc.	3,92

	Black Rock, Inc.	3,69	Deutsche Bank Trust	3,73	Vorstand	0,03
	Société Générale	2,93	Black Rock, Inc.	3,59	Aufsichtsrat	0,01
	Belegschaftsaktionäre	1,00	eigene Anteile	3,19		
			Capital Research and Management	2,99		

THYSSENKRUPP AG INHABER-AKTIEN		VOLKSWAGEN AG VORZUGSAKTIEN O.ST.	
Streubesitz	68,60	Porsche GmbH	53,13
Alfried Krupp von Bohlen und Halbach Stiftung	25,33	Land Niedersachsen	20,00
Franklin Mutual Advisers	3,06	State of Qatar	17,00
Black Rock, Inc.	3,01	Streubesitz	9,87

Quelle: eigene Darstellung mit Informationen aus S Broker, http://deutsche-boerse.com

Anlage 2: Analyse des Werdegangs der Aufsichtsratsvorsitzenden des DAX

Unternehmen	Aufsichtsrat-vorsitzender	Qualifikation	Direkter Wechsel vom Vorstand in Aufsichtsrat	Mandate parallel ausgeführt
Adidas AG	Igor Landau	13. Juli 1944 geboren; Germanistikstudium; 1971 MBA; Berater McKinsey in Paris; seit 2004 im Adidas-Aufsichtsrat		
Allianz SE	Dr. Henning Schulte-Noelle	Geb. 1942; Studium Rechtswissenschaften/ Betriebswirtschaft; Master of Business Administration; Rechtsanwalt; von 1991-2003 war er Vorsitzender des Vorstandes der Allianz SE. seit 2003 ist er Aufsichtsratsvorsitzender der Allianz SE	x	
BASF SE	Dr. Eggert Voscherau	geb. 1943; kaufmännischen Ausbildung 1969 bei Unilever; 1996 bis April 2008 war er Mitglied des Vorstands; 2009 Vorsitzender des Aufsichtsrats	x	
Bayer AG	Dr. Manfred Schneider	1938 geboren; studierte Betriebswirtschaft; promovierte; seit 1966 bei der Bayer AG; April 1992 Vorstandsvorsitzender; 2002 Vorsitzender des Aufsichtsrats	x	
BMW AG	Prof. Joachim Milberg	1959 Ausbildung zum Maschinenschlosser; 1966 Studium Fachrichtung Fertigungstechnik; 1971 Promotion (Dr.-Ing.); 1993 bis 1999 Mitglied des Vorstandes der BMW AG; 1999 bis 2002 Vorstandsvorsitzender der BMW AG; seit 2004 ist er Vorsitzender des Aufsichtsrates der BMW AG; seit 2007 ist er Mitglied des Aufsichtsrates der SAP AG.	x	x
Beiersdorf AG	Prof. Reinhard Pöllath	1948 geboren; studierte Jura; Master-Studiengang an		

Unternehmen	Aufsichtsrat-vorsitzender	Qualifikation	Direkter Wechsel vom Vorstand in Aufsichtsrat	Mandate parallel ausgeführt
		der Harvard Law School in Cambridge; 1977 Anwalt in München; 2008 Aufsichts-ratsvorsitzender		
Commerzbank AG	Klaus-Peter Müller	Geb. 1944; Bankkaufmann; seit 1966 bei der Commerz-bank AG; 1990 Mitglied des Vorstands der Commerz-bank AG, ab 2001 Vor-standsvorsitzender; seit 2008 Aufsichtsratsvorsit-zender	x	
Daimler AG	Dr. Manfred Bischoff	Geb. 1942; Diplom in Volkswirtschaft, 1973Promotion zum Dr. rer. pol.; 1988 CFO Mitglied der Geschäftsführung der Mercedes-Benz do Brasil; 1989 Mitglied Vorstand der Deutsche Aerospace (spä-ter DaimlerChrysler Aero-space AG); 1995 Vorstands-vorsitzender der Daimler-Benz Aerospace und Mit-glied des Vorstandes der Daimler-Benz AG. 15. April 2007 Aufsichtsratsvorsit-zender DaimlerChrysler AG. Bischoff ist Mitglied in fol-genden Aufsichtsräten und Boards: Daimler AG (Vor-sitzender); Fraport AG; Royal KPN N.V.; SMS GmbH (Vorsitzender); Uni-credit S.p.a.; Voith GmbH (Vorsitzender)	x	x
Deutsche Bank AG	Dr. Clemens Börsig	Geb. 1948; 1969 Studium BWL u. Mathematik; 1975 Promotion zum Dr. rer. pol., 1977 Abteilungsleiter, Mannesmann AG; 1983 Kaufmännischer Geschäfts-leiter, Mannesmann-Tally; 1985 Leiter Zentralbereich Betriebswirtschaft, Robert	x	x

Unternehmen	Aufsichtsrat-vorsitzender	Qualifikation	Direkter Wechsel vom Vorstand in Aufsichtsrat	Mandate parallel ausgeführt
		Bosch GmbH;1990 Mitglied der Geschäftsleitung, Robert Bosch GmbH; 1994 Geschäftsführer, Robert Bosch GmbH; 1997 Mitglied des Vorstands, Chief Financial Officer, RWE AG; 1999 Generalbevollmächtigter, CFO Dt.Bank AG; 2001 Mitglied des Vorstands; 2009 Aufsichtsratsvorsitzender; Mitgliedschaften bei Aufsichtsräten: Bayer AG; Daimler AG; Linde AG ;		
Deutsche Boerse	Dr. Manfred Gentz	1970 Trainee bei Daimler-Benz. 1983 Vorstandsmitglied der Daimler-Benz und Daimler-Chrysler AG; Mitglied des Aufsichtsrates der DaimlerChrysler Aerospace AG und DaimlerChrysler Services (debis) AG; 2008 Aufsichtsratsvorsitzender		
Deutsche Lufthansa	Dr. Jürgen Weber	Geb. 1941; 1965 Studium Luftfahrttechnik; 1980 am MIT "Senior-Management-Training"; 1987 Generalbevollmächtigten Technik bei der Lufthansa; 1990 stellvertretender Vorstandsvorsitzender; 1991 Vorstandsvorsitzenden; 2003 Aufsichtsratsvorsitzender; Außerdem Aufsichtsratsvorsitzender der Willy Bogner GmbH & Co. KGaA u. der Loyality Partner GmbH; Mitglied in den Aufsichtsräten der Allianz Lebensversicherungs-AG, Bayer AG, Voith GmbH und der Tetra Laval Group (Schweiz); War 2006-2008 Aufsichtsratsvorsitzender der Deutschen Post AG;	x	x

Unternehmen	Aufsichtsrat-vorsitzender	Qualifikation	Direkter Wechsel vom Vorstand in Aufsichtsrat	Mandate parallel ausgeführt
Deutsche Post	Prof. Wulf von Schimmel-mann	Geb.1947; studierte Wirt-schaftswissenschaften; promoviert; 1972 Unter-nehmensberater McKinsey; 1978 Mitglied des Vor-stands der Baden-Württembergischen Lan-desgirokasse; 1991 Ge-schäftsleitung der BHF-Bank; 1999-2007 Vor-standsvorsitzender Post-bank und Mitglied des Auf-sichtsrates; bis Dez. 2009 auch Aufsichtsratsmitglied bei der Deutschen Tele-kom; 2009 Aufsichtsrats-vorsitzender der Deutschen Post AG; Ist Mitglied des Aufsichtsrates bei Accentu-re und der Tchibo-Holding	x	x
Deutsche Telekom	Prof. Ulrich Lehner	Geb 1946; Wirtschaftsinge-nieur- und Maschinenbau-Studium; Dr. rer. pol. 1975 Wirtschaftsprüfer bei KPMG; 1986 Bereichsleiter Control-ling/Rechnungswesen/ Steuern, Henkel KGaA; 1991 Geschäftsführer Asia Pacific, Henkel; 2000-2007 Vorsitzender der Geschäfts-führung, Henkel KGaA; 2008 Aufsichtsratsvorsit-zender Deutsche Telekom AG; Weitere Aufsichtsrat-mandate: E.ON AG; Henkel Management AG; HSBC Trinkaus & Burkhardt AG; Dr. Ing.h.c. F. Porsche AG; Porsche Automobil Holding SE; ThyssenKrupp Novartis AG/ Schweiz (Mitglied des Verwaltungsrats); Dr. Au-gust Oetker KG (Mitglied des Beirats)		x

Unternehmen	Aufsichtsrat-vorsitzender	Qualifikation	Direkter Wechsel vom Vorstand in Aufsichtsrat	Mandate parallel ausgeführt
E.ON	Werner Wenning	Geb. 1946; 1966 Industrie-kaufmann;1978 Geschäfts-führer, Bayer Industrial S.A., Lima (Peru); 1987 Lei-ter Globaler Vertrieb, Ge-schäftsbereich Thermoplas-tische Kunststoffe, Bayer AG; 1997 Finanzvorstand Bayer AG; 2002 Vorsitzen-der des Vorstands, Bayer AG; 5. Mai 2011 Auf-sichtsratsvorsitzender, E.ON AG		
Fresenius medical care KGaA	Dr. Gerd Krick	Geb. 1938; 1961 Studium Maschinenbau; 1969 pro-moviert Krick; 1975 "Frese-nius AG" Geschäftsführung für "F&E; 1981 Mitglied des Vorstand der "Fresenius AG"; 1992 Vorstandsvorsit-zender "Fresenius AG"; 1996 bis 1997 war er außer-dem Vorstandsvorsitzender der "Fresenius Medical Care AG";.Mai 2003 Aufsichts-ratsvorsitzender der "Fre-senius Medical Care AG"	x	
Fresenius SE & KGaA	Dr. Gerd Krick	Geb. 1938; 1961 Studium Maschinenbau; 1969 pro-moviert Krick; 1975 "Frese-nius AG" Geschäftsführung für "F&E; 1981 Mitglied des Vorstand der "Fresenius AG"; 1992 Vorstandsvorsit-zender "Fresenius AG"; 1996 bis 1997 war er außer-dem Vorstandsvorsitzender der "Fresenius Medical Care AG";.Mai 2003 Aufsichts-ratsvorsitzender der "Fre-senius Medical Care AG"	x	
Heidel-bergCement AG	Fritz-Jürgen Heckmann	Geb. 1962; Studium Rechtswissenschaften so-wie Wirtschaftswissen-schaften; seit 1983 als Wirt-		x

Unternehmen	Aufsichtsratvorsitzender	Qualifikation	Direkter Wechsel vom Vorstand in Aufsichtsrat	Mandate parallel ausgeführt
		schaftsanwalt; 2005 Vorsitzende des Aufsichtsrats; weitere Mandate in Aufsichts- u. Beratungsorganen: Hübner GmbH, Kassel, Infoman AG, Stuttgart; Drews Holding AG, Schrozberg, Paul Hartmann AG, Heidenheim; Südwestdeutsche Medien Holding GmbH		
Henkel AG & Co. KGaA	Dr. Simone Bagel-Trah	Geb. 1969; 1988 Diplomstudium der Biologie, 1994 Promotion Mikrobiologie; 1999 Mitglied des Aufsichtsrats der Cognis B.V.; 2001 Mitglied des Aufsichtsrates der Henkel KGaA; 2005 Mitglied des Gesellschafterausschusses der Henkel KGaA; 2008 Mitglied des Aufsichtsrats und stellv. Vorsitzende des Gesellschafterausschusses der Henkel AG & Co. KGaA und Stellv. Vorsitzende des Aufsichtsrats der Henkel Management AG; weitere Mandate/ Mitgliedschaften: Mitglied im zentralen Beirat der Commerzbank AG; Mitglied im Verwaltungsrat HSBC Trinkaus & Burkhardt AG; Mitgliedschaften bei Rotary Düsseldorf,		x
Infineon Technologies AG	Wolfgang Mayrhuber	Geb. 1947; Studium Maschinenbau; 1990 „Executive Management Training" beim MIT in Boston; arbeitete 40 Jahre für Dt. Lufthansa AG; Oktober 1994 Vorstandsvorsitzender der Lufthansa Technik AG, April 2002 Stellvertretenden Vorstandsvorsitzenden		x

Unternehmen	Aufsichtsrat-vorsitzender	Qualifikation	Direkter Wechsel vom Vorstand in Aufsichtsrat	Mandate parallel ausgeführt
		des Lufthansa Konzerns; Juni 2003 Vorstandsvorsitzender der Dt. Lufthansa AG; Februar 2011 Aufsichtsratvorsitzender Infineon; Weitere Aufsichtsratsmandate: Mitglied im Aufsichtsrat der Lufthansa Technik AG, der Austrian Airlines AG, der BMW AG, Münchener Rückversicherungs-Gesellschaft AG, der UBS AG und ist Mitglied im Board of Directors der HEICO Corp. (Florida/USA).		
K+S AG	Dr. Ralf Bethke	Geb. 1942; 1963 Studium der Betriebs- und Volkswirtschaftslehre Diplom-Kaufmann; 1971 Promotion zum Dr. rer. pol.; 1978 – 1983 Mitglied des Vorstands; 1991 – 2007 Vorstandsvorsitzender der K+S AG; 2007 Aufsichtsratvorsitzender; stellv. Vorsitzender Benteler International AG, Salzburg; Aufsichtsratsvorsitzender der Dr. Jens Ehrhardt Kapital AG,	x	x
Linde AG	Dr. Manfred Schneider	Geb. 1938; Diplomkaufmann; promoviert dort zum Dr. rer. pol.; seit 1966 bei Bayer 1992 – 2002 Vorstandsvorsitzender bei Bayer; ab 2002 Aufsichtsratvorsitzender des Bayer-Konzerns an; außerdem Aufsichtsratsvorsitzender der Linde AG und der RWE AG.	x	x
MAN SE	Prof. Dr. Ferdinand K. Piech	Geb.1937; studierte Ingenieurwissenschaften; 1971 Technischer Geschäftsführer bei Porsche; 1975 Mitglied des Vorstands der Au-	x	x

Unternehmen	Aufsichtsrat-vorsitzender	Qualifikation	Direkter Wechsel vom Vorstand in Aufsichtsrat	Mandate parallel ausgeführt
		di AG; 1988 Vorstandsvorsitzenden Audi AG; 1992 Mitglied des Vorstands der Volkswagen AG; 1993 Vorstandsvorsitzenden der Volkswagen AG; 2002 Aufsichtsratsvorsitzender der Volkswagen AG und Aufsichtsratsmitglied bei der Porsche AG;		
Merck KGaA	Prof. Dr. Dr. Rolf Krebs	Geb. 1940; 2005 bereits Mitglied in dem Merck-Gremium; 2009 Aufsichtsratsvorsitzender Merck		
Metro AG	Prof. Jürgen Kluge	Geb.1953; promovierte Physiker; 1999 bis 2006 Geschäftsführer bei McKinsey; 2010 Vorstandsvorsitzender der Franz Haniel & Cie. GmbH; seit 2010 Aufsichtsratsvorsitzender Metro AG; Weitere Mandate: Celesio AG (Vorsitzender); TAAKT AG (stellv. Vorsitzender); SMS GmbH		x
Muenchener Rückversicherung	Dr. Hans-Jürgen Schinzler	Geb.1940;Seit 1969 bei der Münchener Rück; 1981 Mitglied des Vorstands, 1993 Vorstandsvorsitzender; 2004 Aufsichtsratsvorsitzender	x	
RWE AG	Dr. Manfred Schneider	Geb. 1938; Studium Betriebswirtschaft und Promotion zum Dr. rer. pol.;1966 Tätigkeit bei Bayer AG. 1984 Leitung des Ressorts Regionale Koordinierung, Konzernrevision u. Controlling; 1987 Mitglied des Vorstands; Weitere Mandate: Aufsichtsratsvorsitzender der Linde AG; Mitglied der Aufsichtsräte der Daimler AG, Stuttgart, der TUI AG, Hannover,	x	x

Unternehmen	Aufsichtsratvorsitzender	Qualifikation	Direkter Wechsel vom Vorstand in Aufsichtsrat	Mandate parallel ausgeführt
		und der RWE Aktiengesellschaft, Essen.		
SAP AG	Prof. Hasso Plattner	Geb. 1944; 1963 Abitur; 1968 Programmentwickler bei IBM Deutschland GmbH; 1972 Gründung des Software-Unternehmens "Systemanalyse und Programmentwicklung"; 1976 Umwandlung in SAP GmbH; 1997 Vorstandssprecher SAP AG; 1998 Paritätische Vorstandsspitze mit H. Kagermann; 2003 Aufsichtsratsvorsitzender SAP AG	x	
Siemens AG	Dr. Gerhard Cromme	Geb. 1943; promovierte Jurist; 1989 Vorstandsvorsitzender die Krupp-Konzern-Holding führte. 1999 Fusion Krupp und Thyssen zu ThyssenKrupp, Dr Cromme bis 2001 Vorstandsvorsitzender der ThyssenKrupp; 2001 Aufsichtsratsvorsitzender ThyssenKrupp AG; 2007 Aufsichtsratsvorsitzender der Siemens AG; weitere Mandate: Mitglied der Aufsichtsräte der Allianz SE, der Axel Springer AG und der Compagnie de Saint-Gobain; Mitglied des European Round Table of Industrialists,		x

Unternehmen	Aufsichtsrat-vorsitzender	Qualifikation	Direkter Wechsel vom Vorstand in Aufsichtsrat	Mandate parallel ausgeführt
Thyssenkrupp AG	Dr. Gerhard Cromme	Geb. 1943; promovierte Jurist; 1989 Vorstandsvorsitzender die Krupp-Konzern-Holding führte. 1999 fusionien Krupp und Thyssen zu ThyssenKrupp, Dr. Cromme bis 2001 Vorstandsvorsitzender der ThyssenKrupp;. 2001 Aufsichtsratsvorsitzender ThyssenKrupp AG; 2007 Aufsichtsratsvorsitzender der Siemens AG; weitere Mandate: Mitglied der Aufsichtsräte der Allianz SE, der Axel Springer AG und der Compagnie de Saint-Gobain; Mitglied des European Round Table of Industrialists,	x	x
Volkswagen AG	Prof. Dr. Ferdinand K. Piech	Geb.1937; studierte Ingenieurwissenschaften; 1971 Technischer Geschäftsführer bei Porsche; 1975 Mitglied des Vorstands der Audi AG; 1988 Vorstandsvorsitzenden Audi AG; 1992 Mitglied des Vorstands der Volkswagen AG; 1993 Vorstandsvorsitzenden der Volkswagen AG; 2002 Aufsichtsratsvorsitzender der Volkswagen AG und Aufsichtsratsmitglied bei der Porsche AG;	x	x

Quelle: eigene Darstellung mit Informationen aus: Daum, http://www.whoswho.de; Noé, http://www.manager-magazin.de; BASF SE, BASF SE, http://www.basf.com; Allianz, http://www.allianz.com; Munzinger, http://www.munzinger.de; Daimler, http://www.daimler.com; Deutsche Bank; http://www.db.com; Lufthansa, http://investor-relations.lufthansa.com; ThyssenKrupp, http://www.thyssenkrupp.com; E.ON, www.eon.com; Heidelberg Cement, http://www.heidelbergcement.com; Henkel, http://www.henkel.de; K+S, http://www.k-plus-s.com; Bayer, www.bayer.de; Linde, http://www.the-linde-group.com; Metro, http://www.metrogroup.de; RWE, http://www.rwe.com; Deutsche Börse, http://deutscheboerse.com

Anlage 3: Die Vergütung der DAX-Vorstände 2010

Rang 2010	Rang 2009	Unternehmen	Durchschnittliche Gesamtvergütung pro Kopf in Mio. € 2010	Summe Gesamtvergütung aller Vorstandsmitglieder 2010 in Mio. €	Veränderung der durchschnittlichen Gesamtvergütung 2010 ggü. 2009 in %	Veränderung Ergebnis zur Zinsen und Steuern 2010/09 in %	Veränderungen Dividende 2010/2009 in %
1	1	Deutsche Bank	4,923	33,23	-1,6	-23,6	0
2	6	Siemens	4,892	34,247	44	4,3	68,75
3	3	Volkswagen	4,584	36,672	22,4	631,24	37,5
4	14	Daimler	4,390	25,79	97,7	k.A.	k.A.
5	8	Allianz	3,784	37,836	23,6	17	9,8
6	6	Linde	3,725	14,601	10,7	32,4	22,2
7	9	Metro Group	3,422	16,828	15,4	31,5	14,4
8	15	BASF	3,214	25,708	46,2	111,1	29,4
9	4	RWE	3,193	18,358	-11,8	8,3	0
10	2	SAP	3,123	17,174	-29,8	-4	20
11	13	Henkel	3,090	15,45	36,8	59,5	37,3
12	7	E.on	2,940	15,378	-8,6	2	0
13	11	Adidas	2,873	11,494	9,5	76	128,6
14	12	Bayer	2,736	13,906	4,7	-9,2	7,1
15	26	MAN	2,637	10,549	188,5	k.A.	700
16	21	BMW	2,596	18,172	69,6	1663	333,3
17	19	Deutsche Börse	2,528	15,167	52,1	-17	0
18	10	Deutsche Post	2,423	16,96	-16,7	694	8,3
19	17	Merck	2,417	9,667	28,9	79,2	25
20	29	ThyssenKrupp	2,309	12,309	166	207,5	0,67
21	k.A.	HeidelbergCement	2,267	13,6	-18,1	8,6	108,3
22	23	Fresenius Medical Care	2,217	15,518	58,7	10	7
23	28	Lufthansa	2,171	8,682	146,6	65,9	k.A.
24	27	Infineon	1,876	7,192	108,3	k.A.	k.A.
25	18	Deutsche Telekom	1,798	14,385	2,7	-8,4	-10,3
26	22	Fresenius SE	1,589	9,535	11,8	17,7	14,7
27	16	Münchener Rück	1,296	11,662	-35,1	-15,74	8,7
28	20	K+S	1,166	5,829	-24,2	205,4	400
29	24	Beiersdorf	0,864	4,466	-32,9	-0,8	0
30	30	Commerzbank	0,575	5,275	5,6	k.A.	0

Quelle: http://www.welt.de/wirtschaft/article13047382/Die-Wirtschaftselite-bekommt-wieder-dicke-Gehaelter.html

Anlage 4: Privat-Equity-Volumen weltweit

■ Private Equity

Vermögen von Private-Equity-Fonds und Volumen von Private-Equity-Deals in absoluten Zahlen, weltweit 2003 bis 2008

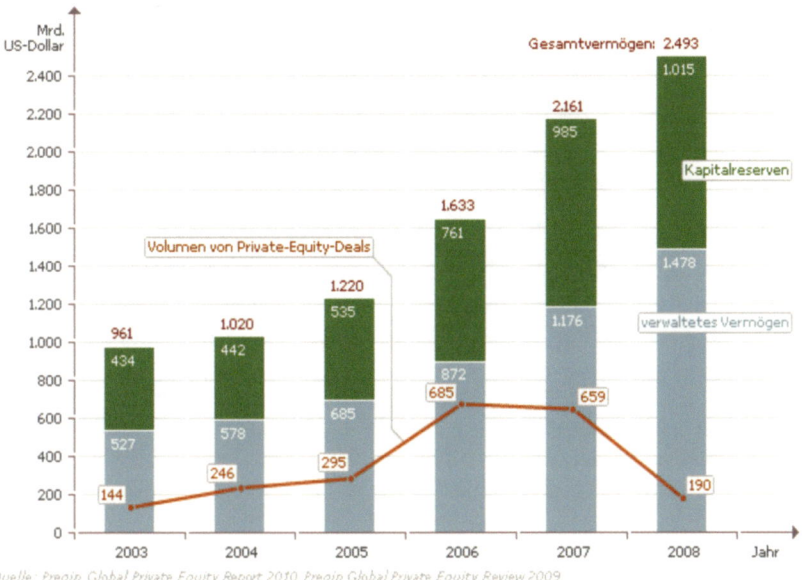

Quelle: BPB, http://www.bpb.de/wissen/YNTETY,o,o,Private_Equity.html

Anlage 5: Anforderungen an Anreizsysteme

Quelle: Dahlhaus, 2009, Seite 154

Anlage 6: Zusammenfassung der Ergebnisse der untersuchten Kritikpunkte beim CF/ Gewinn

Kritikpunkte	Ergebnisse	Gewinne sind vorteilhaft	Neutrale Wertung	Cash Flows sind günstig
Einfluss von Rechnungslegungsnormen	Gewinn nach deutscher Rechnungslegung sind aufgrund von Gläubigerschutz, Ansatz- und Bewertungswahlrechten und steuerbilanziellen Einflüssen gänzlich ungeeignet			x
	Gewinn-Ermittlung nach IFRS oder US-Gaap ist anlegerorientiert und gewährleistet damit wesentlich besser eine periodengerechte Erfolgsermittlung			
	CF-Größen sind nahezu unabhängig von landesspezifischen Bilanzierungs- und Bewertungsvorschriften			
	Vergleichbarkeit zwischen verschiedenen Unternehmen ist nur bei CF-Größen gewährleistet			
Keine Berücksichtigung von EK-Kosten und Risiken	Die Kosten des EK müssen zusätzlich berücksichtigt werden, um eine Mindestverzinsung auf das gesamte eingesetzte Kapital zu erhalten (hurdle rate)		x	
	Bei den EK-Kosten sollten Risikoaufschläge nicht berücksichtigt werden (sicherer Zinssatz)		x	
Verzerrung von Kennzahlen durch Abschreibungen	Verwendung von historischen AK/HK		x	
	Verzerrung von Gewinn durch die Höhe der Abschreibungen; CF sind unabhängig davon			x
	Verwendung von CF oder Standardisierung der Abschreibungen			
Vergangenheitsorientierung und mangelnde Zukunftsbe-	Kurzfristig orientierte Anreizsysteme verhindern		x	

Kritikpunkte	Ergebnisse	Gewinne sind vorteilhaft	Neutrale Wertung	Cash Flows sind günstig
trachtung	langfristiges Denken und Handeln der Manager			
	Wertbeiträge nach dem Betrachtungszeitraum werden beim Realisationsprinzip nicht berücksichtigt			
	Anreizsysteme nach dem Antizipationsprinzip erscheinen nicht geeignet zu sein			
	Sowohl kurzfristig orientierte Ziele als auch langfristig strategische Ziele müssen berücksichtigt werden			
	Dies wird am besten durch ein Anreizsystem nach dem Realisationsprinzip in Kombination mit einem entsprechenden Bonusbank-Modell erreicht			
Hemmung von betriebsnotwendigen langfristigen Investitionen	Der FCF gibt einen stärkeren Anreiz zur Unterlassung von langfristigen Investitionen als Gewinne	x		
	Sämtliche Investitionen mit mittel- und langfristigen Investitionschancen sollten aktiviert und abgeschrieben werden			
	Es sind nur VGG zu berücksichtigen, die einen Beitrag zum Periodenerfolg geleistet haben		x	
	Verwendung der Kapitalbasis zu Beginn der Periode		x	
Manipulationsmöglichkeiten des Managements	Durch Sachverhaltsgestaltung können beide Basisgrößen beeinflusst werden		x	
	Die Abbildungsgestaltung durch die Ausnutzung von Ansatz- und Bewertungswahlrechte betrifft fast ausschließlich Gewinne			x
	Prognostizierte zukünftige Unternehmensdaten und Zielvereinbarungen sind als BMG ungeeignet		x	

Kritikpunkte	Ergebnisse	Gewinne sind vorteilhaft	Neutrale Wertung	Cash Flows sind günstig
Höhere Volatilität von Cash Flows im Vergleich zu Gewinnen	Starke Schwankungen der BMG eines Anreizsystems sind grds. zu vermeiden			
	CF schwanken zwischen den einzelnen Perioden durch mangelnde Periodisierung tendenziell stärker als Gewinne (insbesondere FCF)	x		
	Gewinne können durch Ansatz- und Bewertungswahlrechte bewusst geglättet werden			
	Eine Verstetigung der variablen Vergütung ist durch gestaffelte Auszahlung möglich (Bonusbank)			
Mangelnde Berücksichtigung der Finanzierungsstruktur	Der Leverage-Effekt verzerrte einige Kennzahlen		x	
	Der Einfluss der Finanzierungsstruktur ist zu eliminieren (gesamtes investiertes Kapital als Basis)			
	Unterschiedliche Behandlung von EK und FK muss beseitigt werden			
Verzerrungen durch Steuereinflüsse	Gewinne sind die BMG für Ertragssteuern; Gewinnmaximierung und Steueroptimierung wirken daher gegenläufig und sind nicht vereinbar			x
	Der Vergleich von Unternehmen wird durch Steuereinflüsse ebenfalls beeinträchtigt		x	
	Es sollen nur die tatsächlichen gezahlten Ertragssteuern berücksichtigt werden (Nachsteuer-Betrachtung)			x
Keine Berücksichtigung des Kapitalbedarfs bei Wachstum	Investitionen müssen berücksichtigt werden, weshalb der reine CF als BMG ausscheidet		x	
	Investitionen in das AV sind zu periodisieren, um Unter-	x		

Kritikpunkte	Ergebnisse	Gewinne sind vorteilhaft	Neutrale Wertung	Cash Flows sind günstig
	investitionen zu vermeiden			
	Veränderungen im Working Capital sind liquiditätsorientiert zu betrachten			x
Abhängigkeit der Ergebnisse von Umwelteinflüssen	Durch den Vergleich mit anderen Unternehmen können externe Umwelteinflüsse abgegrenzt werden		x	
	Die eigentliche Managementleistung kann erst dadurch beurteilt werden			
	CF sind in der Vergleichbarkeit Gewinnen überlegen			x
Verzerrung von Kennzahlen durch Leasing und Miete	Geleaste/ gemietete VGG werden nicht aktiviert und sind daher nicht im investierten Vermögen enthalten		x	
	Der CF wird bei einem Kauf nicht berücksichtigt, aber durch Leasingraten verringert; Gewinne und FCF werden gegenläufig berührt, wobei die Auswirkungen von Leasingraten identisch sind	(x)		
	Leasing bzw. Miete sollte u. U. wie ein Kauf behandelt werden (Aktivierung und Abschreibung)			
Keine Berücksichtigung der Inflation	Inflation verzerrt Rentabilitätskennzahlen		x	
	Eine Inflationsanpassung historischer Investitionen kann durchgeführt werden			
	Weitere Verzerrungen entstehen bei mehrperiodigen Kennzahlen im Zeitverlauf			
Verzerrung von Kennzahlen durch Goodwill-Ausweis	Aktivierung eines Goodwills erhöht Gesamtvermögen und verringert damit Kapitalrendite		x	

Kritikpunkte	Ergebnisse	Gewinne sind vorteilhaft	Neutrale Wertung	Cash Flows sind günstig
	Goodwill-Abschreibungen mindern den Gewinn, aber nicht den CF			x
	Goodwill vor kumulierter Abschreibung sollte grds. beim investierten Kapital berücksichtigt werden			
	Erfolgte Abschreibungen sind rückgängig zu machen			
Beeinflussung durch Dividendenpolitik	Weder Gewinn noch FCF sind für sich allein genommen ausschlaggebend für die Bestimmung der an die Anteilseigner ausschüttbaren Dividende		x	
	Denn neben den verfügbaren Zahlungsmitteln sind für das Ausschüttungspotenzial die handels- und steuerrechtlichen Rahmenbedingungen zu beachten			x
	CF sind unabhängig von handelsrechtlichen Dividendenvorschriften und Eigentümeransprüchen		x	
	Durch die Berücksichtigung von Kapitalkosten wird optimale Finanzmittelallokation gefördert			
Ungenügende Korrelationen mit dem Kapitalmarkt	Empirische Studien haben bisher keine eindeutige Ergebnisse liefern können (nur Tendenzen)		x	
	Eine klare Rangfolge bezüglich der Korrelation der einzelnen Kennzahlen existierten nicht			
	Es muss unabhängig zur Wertkorrelation am Kapitalmarkt eine adäquate Performance-Kennzahlen für ein Anreizsystems gefunden werden			

Quelle: Meyer, 2006, Seite 168-173

Anlage 7: Reputation Quotient (RQ) Ermittlung

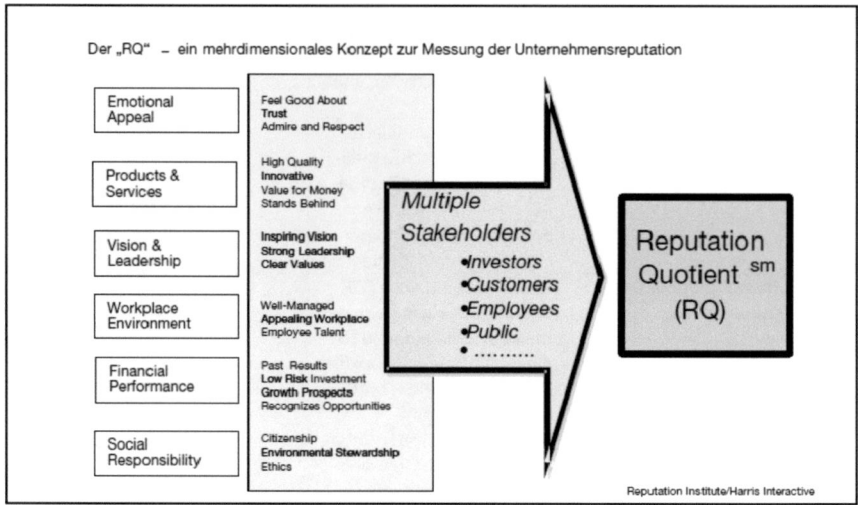

Der „RQ" – ein mehrdimensionales Konzept zur Messung der Unternehmensreputation

Reputation Institute/Harris Interactive

Quelle: Zerfaß, 2007, Seite 325

Anlage 8: Berechnung im Bonusbankverzinsungsmodell

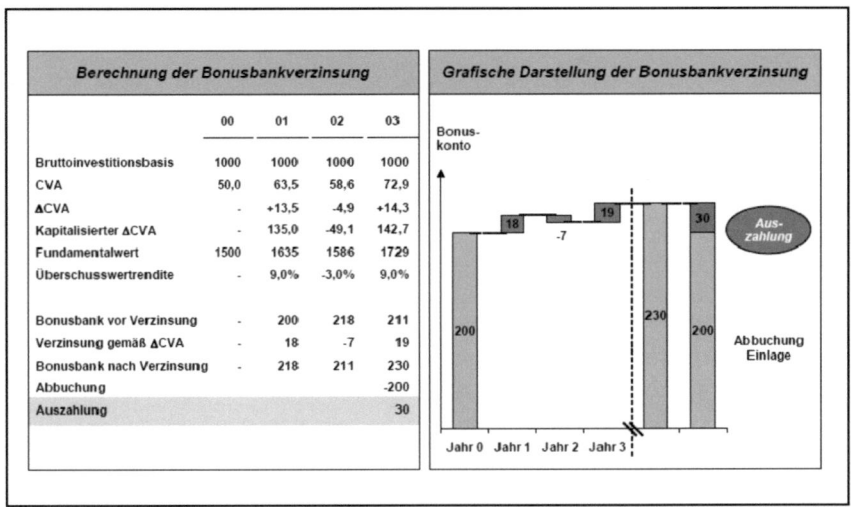

Abb. 7: Auszahlung im Bonusbankverzinsungsmodell

Quelle: Schweickart, 2006, Seite 576

Anlage 9: Auszahlung im Bonusbankverzinsungsmodell

Beispiel für eine rollierende Bonusbankverzinsung							
	00	01	02	03	04	05	06
Überschusswertrendite	-	9%	-3%	-4%	3%	6%	2%
Bonusbank 1	100	109	106	102			
Bonusbank 2		100	97	93	96		
Bonusbank 3			100	96	99	105	
Bonusbank 4				100	103	109	111
Auszahlung				+2	-4	+5	+11

Ausgleich innerhalb einer Bonusbank:

Bonusbank 1 hat eine positive Auszahlung in Jahr 3, da das besonders gute Jahr 1 die schlechte Performance in Jahr 2 und 3 ausgleicht.

Ausgleich zwischen den Bonusbanken:

In Bonusbank 2 ist absehbar, dass wegen der schlechten Performance in Jahr 2 und 3 eine positive Auszahlung in Jahr 4 unwahrscheinlich wird, was zu einer Demotivation in Jahr 4 führen könnte. Allerdings fließt eine positive Performance in Jahr 4 bereits voll in die positive Verzinsung der Bonusbanken 3 und 4 ein.

Abb. 8: Ausgleichende Wirkung einer Bonusbank

Quelle: Schweickart, 2006, Seite 576

Anlage 10: Berechnung und Auszahlungsmodalitäten bei Bonusbank mit Einzeljahresziel mit mehrjähriger Bonusbank

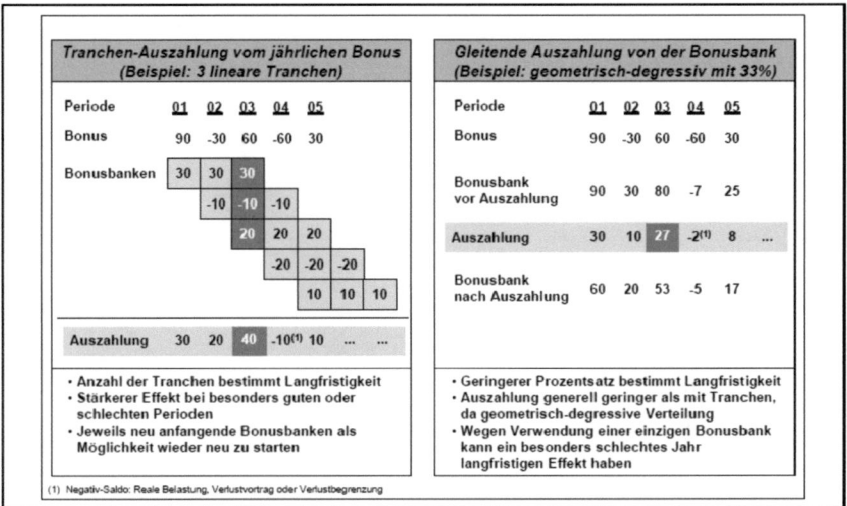

Abb. 9: Einzeljahresziel mit mehrjähriger Bonusbank – Zukünftiger Bonus „at Risk" –

Quelle: Schweickart, 2006, Seite 577

Anlage 11: Berechnung und Auszahlungsmodalitäten bei Bonusbank mit rollierenden Mehrjahreszielen

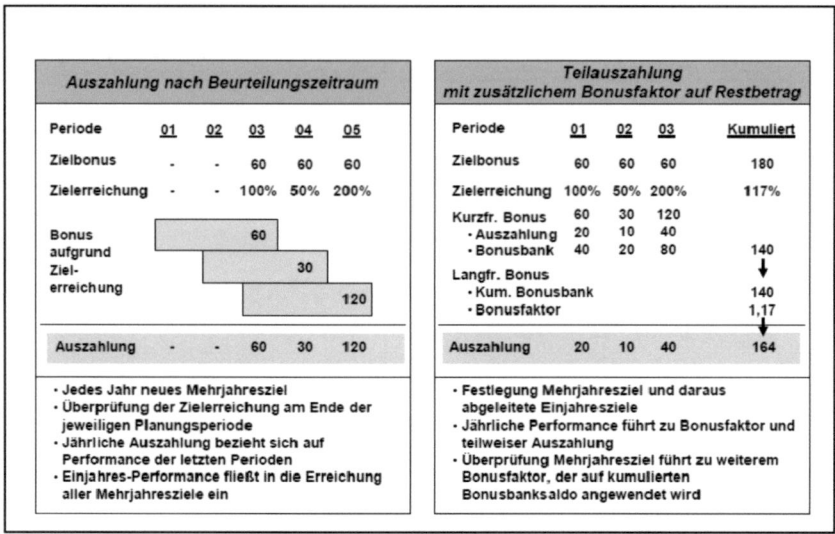

Abb. 10: Rollierendes Mehrjahresziel

Quelle: Schweickart, 2006, Seite 578

Anlage 12: Sustainable Value Ansatz für 28 Großunternehmen

| Unternehmen | Ertrags-Kosten-Verhältnis | | | | | Profil auf Seite |
	2004	2003	2002	2001	2000	
BMW	5 : 1	4,9 : 1	5,1 : 1	5,5 : 1	5,3 : 1	89
Bosch	3,9 : 1	3,8 : 1	4,4 : 1	4,9 : 1	4,9 : 1	91
Merck	3,9 : 1	4 : 1	3,7 : 1	3,8 : 1	N/A	105
Krones	3,9 : 1	2,8 : 1	2,9 : 1	2,8 : 1	1,8 : 1	103
Schering	3,8 : 1	3,5 : 1	3,8 : 1	4 : 1	2,9 : 1	109
Heidelberger Druck	3,8 : 1	3 : 1	3,7 : 1	4,2 : 1	4,6 : 1	100
Boehringer Ingelheim	3,6 : 1	2,9 : 1	3,2 : 1	3,3 : 1	3,1 : 1	90
Miele	3,5 : 1	3,7 : 1	3,6 : 1	N/A	3,4 : 1	106
Deutsche Telekom	2,8 : 1	2,6 : 1	2 : 1	2,2 : 1	2,3 : 1	97
Sirona	2,6 : 1	3,4 : 1	3,1 : 1	3,2 : 1	3 : 1	110
DaimlerChrysler	2,5 : 1	2,6 : 1	2,6 : 1	2,3 : 1	2,7 : 1	94
MAN	2,4 : 1	2,5 : 1	2,5 : 1	2,5 : 1	N/A	104
ZF Friedrichshafen	1,7 : 1	1,8 : 1	1,8 : 1	1,8 : 1	2 : 1	113
Henkel	1,7 : 1	2 : 1	2 : 1	2 : 1	1 : 1	101
Axel Springer	1,6 : 1	1,2 : 1	1,2 : 1	1 : 1	1,2 : 1	86
VW	1,6 : 1	1,6 : 1	1,9 : 1	N/A	N/A	112
Bayer	1 : 1	1 : 1,6	1 : 1,3	1 : 1,2	1 : 1,1	88
K+S	1 : 1,7	1 : 1,7	1 : 1,8	1 : 1,7	1 : 1,6	102
DB	1 : 1,9	1 : 2	1 : 2,2	1 : 2,1	1 : 1,7	95
BASF	1 : 2,2	1 : 2	1 : 1,9	1 : 1,8	1 : 2	87
Cognis	1 : 2,7	1 : 3,1	1 : 2,7	1 : 2,4	2,6	93
Degussa	1 : 3,9	1 : 4	1 : 4	1 : 3,4	1 : 3,9	96
Nordzucker	1 : 5	1 : 4,1	1 : 5,1	1 : 5,4	1 : 6,6	107
Celanese	1 : 7,1	1 : 9,2	1 : 8,9	1 : 10,1	1 : 9,8	92
Thyssen Krupp Steel	1 : 7,4	1 : 9,2	1 : 10,7	N/A	N/A	111
EON	1 : 14	1 : 16,5	1 : 15	N/A	N/A	99
RWE	1 : 14,3	1 : 15,3	1 : 14,5	N/A	N/A	108
DSK	n.e.	n.e.	n.e.	n.e.	n.e.	98

n.e. = nicht ermittelbar

Benchmark ist die deutsche Volkswirtschaft von 2000 bis 2004.

Absoluter Sustainable Value		Ertrags-Kosten-Verhältnis	
Unternehmen	2004 > 2010	Unternehmen	2004 > 2010
DaimlerChrysler	12.955.653.521 €	BMW	3,9 : 1
Bosch	9.323.539.676 €	Schering	3,2 : 1
Deutsche Telekom	8.814.687.886 €	Krones	3,2 : 1
BMW	7.662.253.764 €	Boehringer Ingelheim	3,1 : 1
VW	2.803.058.584 €	Bosch	3 : 1
Boehringer Ingelheim	2.573.591.513 €	Merck	3 : 1
MAN	2.092.732.776 €	Miele	2,8 : 1
Schering	1.563.502.854 €	Heidelberger Druck	2,7 : 1
Merck	1.478.699.577 €	Deutsche Telekom	2,6 : 1
ZF Friedrichshafen	970.761.621 €	Sirona	2,4 : 1
Heidelberger Druck	827.072.187 €	MAN	2,2 : 1
Henkel	570.477.715 €	DaimlerChrysler	2 : 1
Miele	408.084.031 €	ZF Friedrichshafen	1,5 : 1
Krones	398.642.757 €	Axel Springer	1,3 : 1
Axel Springer	182.431.478 €	Henkel	1,3 : 1
Sirona	66.017.587 €	VW	1,2 : 1
K+S	-988.177.070 €	Bayer	1 : 1,3
Nordzucker	-1.390.921.769 €	K+S	1 : 2,3
Cognis	-1.677.690.160 €	DB	1 : 2,7
Bayer	-2.322.937.855 €	BASF	1 : 3
DSK	-2.511.811.748 €	Cognis	1 : 3,7
Celanese	-7.681.149.779 €	Degussa	1 : 5,4
DB	-10.351.692.012 €	Nordzucker	1 : 7
Degussa	-16.129.543.410 €	Celanese	1 : 9,7
BASF	-21.695.502.106 €	Thyssen Krupp Steel	1 : 10,5
Thyssen Krupp Steel	-21.849.722.742 €	EON	1 : 18,7
EON	-196.120.138.705 €	RWE	1 : 19,3
RWE	-205.575.547.977 €	DSK	n.e.

Quelle: Hahn, Tobias, 2007, Seite 42, 46

Anlage 13: Wertketten im Unternehmen

- Relationships with universities
- Ethical research practices (e.g., animal testing, GMOs)
- Product safety
- Conservation of raw materials
- Recycling

- Financial reporting practices
- Government practices
- Transparency
- Use of lobbying

- Education & job training
- Safe working conditions
- Diversity & discrimination
- Health care & other benefits
- Compensation policies
- Layoff polices

- Procurement & supply chain practices (e.g., bribery, child labor, conflict diamonds, pricing to farmers)
- Uses of particular inputs (e.g., animal fur)
- Utilization of natural resources

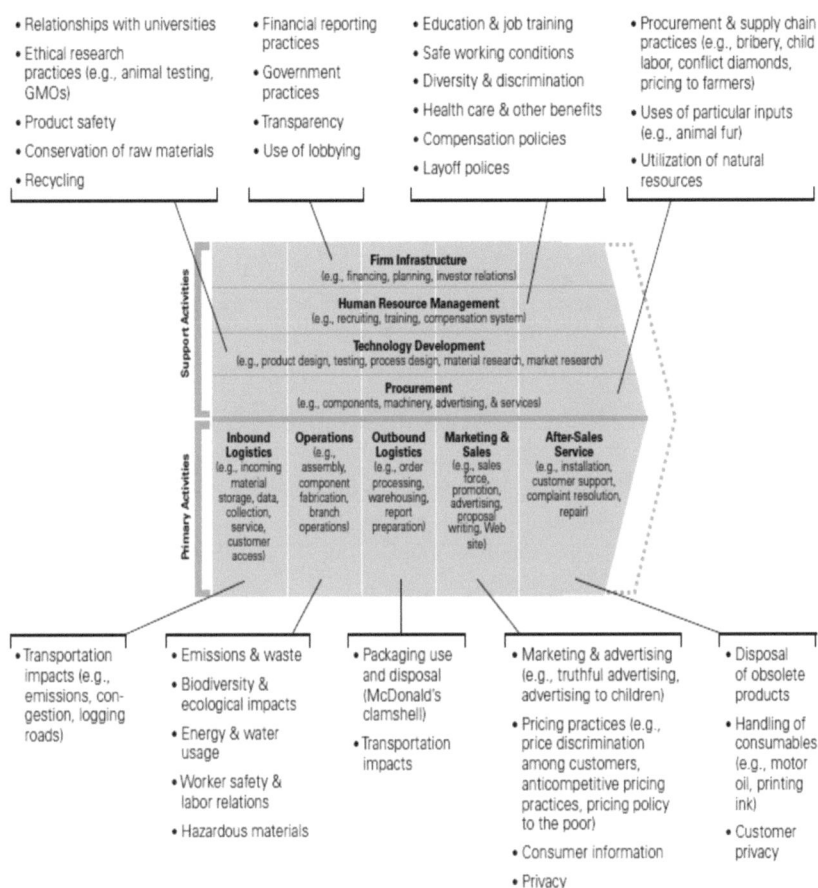

Support Activities

| Firm Infrastructure (e.g., financing, planning, investor relations) |
| Human Resource Management (e.g., recruiting, training, compensation system) |
| Technology Development (e.g., product design, testing, process design, material research, market research) |
| Procurement (e.g., components, machinery, advertising, & services) |

Primary Activities

| Inbound Logistics (e.g., incoming material storage, data, collection, service, customer access) | Operations (e.g., assembly, component fabrication, branch operations) | Outbound Logistics (e.g., order processing, warehousing, report preparation) | Marketing & Sales (e.g., sales force, promotion, advertising, proposal writing, Web site) | After-Sales Service (e.g., installation, customer support, complaint resolution, repair) |

- Transportation impacts (e.g., emissions, congestion, logging roads)

- Emissions & waste
- Biodiversity & ecological impacts
- Energy & water usage
- Worker safety & labor relations
- Hazardous materials

- Packaging use and disposal (McDonald's clamshell)
- Transportation impacts

- Marketing & advertising (e.g., truthful advertising, advertising to children)
- Pricing practices (e.g., price discrimination among customers, anticompetitive pricing practices, pricing policy to the poor)
- Consumer information
- Privacy

- Disposal of obsolete products
- Handling of consumables (e.g., motor oil, printing ink)
- Customer privacy

Quelle: Porter, 2006, Seite 78-93